Irmhild Bärend

In meinen Träumen
kann ich laufen

Briefe aus meinem zweiten Leben

BRUNNEN
Verlag Giessen · Basel

REIHE „GEISTLICH LEBEN"
Herausgegeben von Paul-Ulrich Lenz
in Zusammenarbeit mit Hartmut Bärend,
Ingrid Reimer und Karl Renner
im Auftrag der Stiftung Geistliches Leben
Band 32

© Brunnen Verlag Gießen 2013
www.brunnen-verlag.de
Umschlagfoto: Shutterstock; privat
Umschlaggestaltung: Ralf Simon
Satz: DTP Brunnen
Druck: CPI – Ebner & Spiegel, Ulm
ISBN 978-3-7655-5462-9

Inhalt

Vorwort

Diese Nacht im November 2004 hat das Leben meiner Schwester radikal verändert. Diese Nacht, die so normal begann und dann so schrecklich weiterging. Diese Nacht, in der Irmhild so unglücklich gefallen ist, dass sie nicht mehr aufstehen konnte und bis heute nicht mehr aus eigener Kraft aufstehen kann. Diese Nacht, die die Diagnose „Querschnittlähmung bis zur Schulter" mit sich brachte.

Und dann dauerte es noch vier lange Stunden, bis die Nachbarin die Rufe meiner Schwester hörte. Per Hubschrauber kam sie in ein Unfallkrankenhaus. Nach der Operation sagte der Arzt zu uns: „Bei dieser Unfallsituation ist es schier zum Verzweifeln."

Aber meine Schwester ist nicht an ihrem schweren Unfall verzweifelt. Sie hat Augenblicke gehabt, gewiss, da war es zum Verzweifeln. Aber ihre Lebenskraft ist wiedergekommen; viele Menschen sind im Gebet an ihre Seite getreten, andere haben praktisch geholfen. Ihr in die Wiege gelegter Lebensmut hat mitgewirkt; der lebendige Heiland Jesus Christus, dem sie schon vor so vielen Jahren ihr Leben übergeben hat, hat sie getröstet und gestärkt. Irmhild hat begonnen, ihr Leben aus einem neuen Blickwinkel zu betrachten. Sie konnte das schwere Schicksal annehmen, soweit das überhaupt in einem Leben möglich ist.

Aber so richtig wiedergekehrt ist die Lebenszuversicht, als Irmhild in eine behindertengerechte Wohnung einziehen konnte, ein Dreivierteljahr nach dem Unfall. Da ist sie aufgeblüht, da wuchsen Lebenswille und Frieden trotz aller Belastung. Da waren und sind rund um die Uhr kompetente Betreuerinnen und Betreuer, da entfaltete sich ein bis heute nicht abreißender Besucherstrom. Und da konnte sie sich mithilfe eines sprachgesteuerten Computers wieder an die geliebten Lektoratsaufgaben machen. Ja, und auch das Telefonieren ging wieder, ebenfalls mit Sprachsteuerung.

Schon kurz nach dem Unfall begann Irmhild Freundesbriefe zu schreiben. Jedes Mal, wenn ich einen solchen Brief bekam, habe ich gestaunt: Wie ehrlich, wie persönlich, wie geistlich und doch auch wie menschlich berichtet sie da von sich.

Ja, hier ist wirklich geistliches Leben vor Augen, das das ganze Menschsein in sich trägt. Auch das angefochtene, angeschlagene Leben steht unter dieser Überschrift, denn immer wieder bricht das „Dennoch bleibe ich stets an dir, denn du hältst mich bei meiner rechten Hand" (Psalm 73,23) heraus. Es ist ihr bewusst, dass Jesus Christus bei ihr ist, in guten und in schweren Zeiten.

Und eine Sehnsucht durchzieht die Freundesbriefe wie ein roter Faden: dass doch auch andere unseren Herrn kennenlernen und ihm ihr Leben anvertrauen. Was für ein Geschenk, dass wir diese so lebensvollen und lesenswerten Briefe haben und veröffentlichen können.

Hartmut Bärend
Herausgeber der Reihe Geistlich Leben
Frühjahr 2013

1. Auf dem Weg zurück ins Leben

Dezember 2004

Liebe Freunde und Bekannte von Irmhild,
Irmhild bat mich, diese erste Infomail über ihre Situation mit ganz herzlichen Grüßen zu beginnen. Sie ist von Herzen dankbar für jeden Einzelnen, der an sie denkt, sie im Gebet begleitet und trägt. Die vielen Briefe, die in den letzten 14 Tagen aus den verschiedensten Ecken der Erde bei ihr eintrafen, haben sie sehr bewegt. Manches Mal mussten wir beim Lesen sogar schmunzeln.

Nach einer knappen Woche auf der Intensivstation wurde Irmhild in die Abteilung für Rückenmarkverletzte verlegt. Ein wichtiger Schritt – und keine Selbstverständlichkeit!

Mit großer Freude nehmen wir jede kleine Veränderung zum Guten hin wahr. Irmhild hat eine schwere Erkältung überstanden, die zwischenzeitlich sogar zu einer Lungenentzündung werden wollte. Sie kann allein atmen, sprechen und schlucken, auch wenn alles noch sehr, sehr viel Kraft kostet.

An der Querschnittlähmung hat sich leider nichts Wesentliches verändert. Doch wir sind dankbar, dass Irmhild den Kopf drehen und die Schultern über die Nackenmuskulatur ein bisschen anziehen kann. Außerdem nimmt sie Berührungen fast am gesamten Körper wahr; sie spricht von „Feuerströmen", die dann durch sie hindurchschießen und Schmerzen mit sich bringen.

Noch ist es zu früh für eine verbindliche Aussage der

Ärzte, wie Irmhilds Zustand sich langfristig entwickeln wird. Wir müssen warten, warten und noch einmal warten.

Irmhild bittet herzlich um weitere Gebetsunterstützung für ihre Heilung und ein Nachlassen der Spasmen und Schmerzen, die sie plagen, für ein schnelles Überwinden des Schocktraumas, damit der Körper eine neue Wahrnehmung für sich entwickelt, und für die Bewahrung ihrer Seele, die durch das Realisieren der Querschnittlähmung eine „Berg- und Talfahrt" macht.

Aber wir sind Gott auch dankbar für die Verlegung aus der Intensivstation, für die ersten positiven Veränderungen des Körpers und für Irmhilds Lebensmut: Mit ihrer kleinen Kraft erzählt sie den Menschen an ihrem Bett schon wieder von Jesus Christus.

Wenn Sie von anderen wissen, die für Irmhild beten und regelmäßig über ihren Zustand informiert werden möchten, dann teilen Sie uns doch bitte die entsprechenden E-Mail-Adressen mit.

Mit herzlichem Dank für die große Anteilnahme und adventlichen Grüßen aus Berlin
Ihre Maike Fethke

2. Von der ersten Mobilisation bis zur neuen Wohnung

Januar 2005

Meine lieben Freunde,

von Herzen möchte ich Sie alle grüßen zum neuen Jahr! Die Jahreslosung aus Lukas 22: „Ich aber habe für dich gebetet, dass dein Glaube nicht aufhöre", ist für mich gerade in meiner Situation zu einem besonderen Trost geworden. Dieses Einstehen im Gebet für den anderen, wie Jesus es uns vorgelebt hat, tun Sie für mich. Wie sehr möchte ich Ihnen immer wieder dafür danken!

Ich diktiere diesen Brief aus dem Rollstuhl. Ja, wirklich, seit einigen Tagen darf ich morgens und nachmittags jeweils eineinhalb Stunden im Rollstuhl sitzen. Als ich das erste Mal aus der Sitzhöhe Menschen und Häuser sehen konnte, hätte ich am liebsten vor Dankbarkeit geweint. Es war wie ein Zurückkommen in die „normale" Welt.

Neben dem Sitzen im Rollstuhl wird die Mobilisation auch mit anderen Bereichen des Körpers versucht. So kann ich zum Beispiel beide Handgelenke drehen und bewegen, und seit ein paar Tagen machen drei Finger der rechten Hand erste kleine Bewegungsversuche. Jeden von ihnen – manchmal sind es nur Winzigkeiten – verstehe ich als einen kleinen Sieg und als große Gnade unseres Herrn.

Ein besonderes Geschenk ist auch das neue Zimmer,

das ich mit einer sehr lieben Dame teile: ein großer Raum mit hohen Fenstern und dem Blick ins Grüne auf einen Schmetterlingsstrauch und Kiefern. Zu meiner großen Freude habe ich inzwischen mehrfach mit meiner Zimmernachbarin beten können.

Schlimm ist für mich nach wie vor die Spastik. Ich habe das Gefühl, als ob der Körper bei den besonders schweren Attacken zusammengepresst und von oben bis unten zerschnitten wird. Ich atme dann immer bewusst intensiv und bete, dass Gott mir die Kraft gibt durchzuhalten.

Herzlichen Dank, wenn Sie auch das weiter im Gebet begleiten. Mir wurde inzwischen gesagt, dass diese Spastik total verschwinden kann, dass es dafür aber keine Garantie gibt.

Bitte beten Sie doch auch dafür, dass der Körper langsam wieder zu seinen normalen Funktionen zurückkehrt. Vor allem wünsche ich mir dies für meine Hände und Finger. Im Hinblick auf die Bewegung der Beine und Füße kann ich noch nichts sagen; dort hat die Mobilisation erst vor zwei Tagen begonnen.

Ich danke Ihnen allen so sehr für Ihre lieben Grüße, für Gottes gutes Schwarzbrot, das Sie mir durch die verschiedenen Bibelworte geschickt haben. Es ist immer wieder Nahrung für mich. Wie gerne würde ich Ihnen allen persönlich schreiben, aber das ist leider nicht möglich. Doch jeder Name, jede Unterschrift, die auf den verschiedenen Karten und Grüßen vermerkt ist, bedeutet für mich nicht nur ein festes Gebet, sondern auch einen Bruder oder eine Schwester in Christus, die sich

jetzt neben mich stellt. Was für ein Reichtum, diese große, weltweite Familie Gottes!

Meine liebsten Grüße Ihnen allen. Gerne würde ich
Sie zu einem Besuch in „mein" Krankenhaus einladen,
aber meine Kraft ist zurzeit noch sehr klein.

In herzlicher, sehr dankbarer Verbundenheit grüßt Sie
Ihre Irmhild Bärend

Meine lieben Freunde,

wissen Sie, was ein Stehbett ist? Es hat einige Vorrichtungen zum Festschnallen des Patienten und kann vollständig aufgerichtet werden. Das geschieht in einigen Stufen mit Pausen. Ich wusste gar nicht, wie lang ich bin. Meine 178 Zentimeter schienen den gesamten Raum zu überragen. Irgendwie hing ich ein bisschen unter der Decke, und irgendwie schwebte ich ein bisschen über dem Fußboden. Das Erlebnis war wunderbar! Seit einem halben Jahr konnte ich wieder „stehen".

Schlimmer ist das Stehpult, das gibt es nämlich auch. Da wird der gesamte Mensch in entsprechende Halterungen hineingestellt, bis er tatsächlich nahezu auf dem Fußboden steht. Die Oberarme liegen auf einem kleinen Pult. Leider ist dieser Vorgang nicht mit Stufen und Pausen versehen – man steht sofort. Das hat mein Kreislauf nicht mitgemacht. Ich wurde ohnmächtig, konnte aber nicht umfallen, weil ich ja festgehalten wurde. Natürlich hat man die Übung sofort abgebrochen, aber ich will sie unbedingt wiederholen. Alles das dient der Dehnung und Streckung des Körpers.

Seit knapp 14 Tagen befinde ich mich in einer Rehaklinik vor den Toren Berlins. Der uralte Park, ganz verwildert mit seinen verfallenen Gebäuden, zum Teil noch wunderschönen Fenstern aus der Jugendstilzeit, ist bezaubernd. Hier darf alles blühen und wachsen, wie es will. Ich bin so dankbar für jeden Besucher, der mich mit dem Rollstuhl hinausfährt.

Es werden viele neue Therapien mit mir durchgeführt.

Über jede bin ich froh. Denn nun kommt auch das andere. Da sagt ein Pfleger beiläufig, dass ich der am meisten betroffene Patient in der gesamten Abteilung von immerhin 26 Patienten sei. Da meine Rückgratverletzung so hoch liegt, ist meine Spastik auch am schlimmsten. Das spüre ich hier jeden Tag viele Male.

Im Krankenhaus hatte ich den Eindruck, dass die Spastik etwas weniger geworden sei. Hier scheint sie wieder neu auf mich einzustürzen. Natürlich bekomme ich entsprechende Medikamente. Es gibt allerdings, das hörte ich auch von den Pflegern, eine Pumpe, die in den Körper implantiert und alle paar Monate mit einem entsprechenden Mittel neu gefüllt wird. Sie soll die Spastik sehr gut beeinflussen. Davor habe ich Angst. Das würde bedeuten: Ich müsste in das Unfallkrankenhaus zurück, erneut operiert werden, mindestens drei Wochen dort bleiben. Dann wieder retour in das Rehazentrum – und anschließend die Fortsetzung meiner Therapie, wenn sie nicht ganz „von vorne" begonnen werden muss.

Wenn ich das alles höre, sind meine Zuversicht und mein Mut sehr klein. Dann warte ich geradezu auf meine schlaflosen Nächte, um weinen zu können, ohne dass es einer sieht. Ich habe nie gedacht, dass ich einmal einen Brummer oder eine Mücke mit Sorge ansehen würde. Heute könnte ich ihnen nicht ausweichen, wenn sie mich stechen würden. Ich kann ja noch nicht einmal ein Haar aus der Stirn nehmen, wenn es mich juckt. Damit leben zu lernen, gehört zu meinen täglichen Kämpfen.

Auch gelagert zu werden, meistens mit Schmerzen, ist immer wieder nicht einfach. Manche Pfleger sind ausgesprochen grob in ihren Bewegungen. Natürlich meinen sie es nicht so, und nicht jeder kann gleich wissen, dass meine Schultern und Schultergelenke sehr wehtun. Durch den Sturz ist dort Muskelmasse abgebaut worden. Medizinisch gesehen, kann sie wohl kaum wieder aufgebaut werden. Nun sollen andere Muskelgruppen trainiert werden, um den Schmerz aufzufangen. Wie oft denke ich: Gut, dass ich nicht weiß, was noch auf mich zukommt. Aber gilt das nicht für jede Situation unseres Lebens?

Sehr, sehr dankbar bin ich, dass ich meinen Oberkörper und meine Schultern bewegen und drehen kann. Auch meine Handgelenke sind nach wie vor beweglich und machen den Eindruck, als ob doch noch mehr Kraft in die Finger fließen könnte. Sollte allerdings eine höhere Dosierung des Antispastikmittels vorgenommen werden, werden diese Bereiche sicherlich erneut in Mitleidenschaft gezogen.

Wie froh bin ich auch, dass ich im Rollstuhl bereits vier bis sechs Stunden am Stück sitzen kann. Allerdings sind damit in meinem Rehazentrum neue Schwierigkeiten verbunden. Es stehen nur wenige Rollstühle für Spastik-Patienten zur Verfügung. Und einen Rolli mit Kinnsteuerung, den ich im Krankenhaus schon sehr gut fahren konnte, gibt es hier nicht. Auch der Aktivstuhl ist nur eine Notlösung. Für meine Körpergröße gibt es da nichts Geeignetes. Zur Verfügung steht nur ein älterer Rollstuhl mit Handsteuerung, den ich aber nicht allein bedienen kann. Es fehlen bestimmte Vorrichtungen, damit ich ihn anhalten kann. Sollte mir die Krankenkasse eine längere Zeit der Rehabilitation genehmigen, müsste

Gott in seiner Güte auch hier noch etwas ganz Neues zeigen.

Wenn es dann einmal „ganz dick kommt", denke ich fest an meine neue Wohnung. Der Umbau soll im nächsten Monat beginnen. Sie hat wirklich alle Voraussetzungen, die ich mir nur jemals wünschen könnte. Sie ist wie ein Wunder vor meinen Augen.

Hier in der Rehaklinik sehe ich ein neues „Aufgabengebiet": Viele Mitarbeiter des Pflegepersonals stehen Menschen, die glauben, staunend gegenüber. Dass es das heute noch gibt! Hier ist das Thema nicht etwa eine Konfirmation, sondern das große Jugendweihefest. Wenn ich dann vorsichtig frage, wer wem geweiht wird – verblüffte Gesichter. Es sei doch im Grunde gar nicht wichtig, wie das Fest hieße. Wichtig seien die Einladung von möglichst vielen Menschen und das Zusammentragen möglichst vieler Geschenke. Immerhin konnte ich von „Weihnachten im Schuhkarton", der Geschenkaktion für Kinder in Not, erzählen und auch schon einige christliche Literatur weitergeben. Und tatsächlich, auch hier haben bereits Mütter aus dem Pflegepersonal an der Aktion teilgenommen und äußerten sich begeistert darüber. Wie gut lässt sich dann die Brücke zu Glaubensfragen bauen!

Ich wünsche mir so oft, dass Gott in meinem Fall etwas ganz „Praktisches" tun möge. Dass plötzlich Funktionen meines Körpers wieder erwachen, die bisher schliefen. Am wunderbarsten wäre natürlich die Rückkehr der Bewegung in den Fingern.

Wie danke ich Ihnen für Ihre Gebete und die vielen E-Mails, Briefe und Karten. Sie sind mir ein großer Trost

und verbinden mich „mit dem Rest der Welt". Das größte Wunder ist, dass Gott mich immer wieder mit so viel
Freude und Zuversicht erfüllt.

In herzlicher Verbundenheit grüßt Sie
Ihre Irmhild Bärend

Meine lieben Freunde,

seit ein paar Tagen hat unsere Station wieder einen elektrischen Rollstuhl, diesmal mit Kinnsteuerung – und ich darf ihn fahren. Was für eine riesengroße Freude! Am Sonntagmorgen bin ich damit durch den Wald gefahren, über Stock und Stein, über Kienäpfel und Wurzeln. Es war wunderbar! Ein neuer kleiner Schritt in die Unabhängigkeit.

Und noch ein großes Geschenk: In den nächsten Tagen wird mein Umzug stattfinden – wobei ich noch nicht einmal dabei bin. Nach wie vor befinde ich mich in der Reha und übe täglich neu mit Händen und Füßen.

Aber nun das Unglaubliche: Meinen Umzug bezahlt ein Berliner Radiosender. Bei einer Aktion habe ich den kostenlosen Umzug als Geschenk gewonnen. Sie räumen alles aus, sie räumen alles ein und nehmen noch nicht einmal Geld dafür. Ich bin so dankbar.

Aber der Abschied von meiner alten Wohnung fällt mir sehr schwer. Ich hatte keine Zeit zum Trauern. Durch den Unfall bin ich von einem Tag zum andern aus einer mehr als 40-jährigen Familiengeschichte herausgerissen worden und habe nun nie mehr die Möglichkeit, dort noch einmal zu sitzen. Wie viele Menschen sind durch diese Wohnung gegangen, wie viele Gespräche wurden geführt, Tränen getrocknet, wie viel Freude wurde erlebt.

Viele Möbel musste ich zurücklassen. Sie passen einfach nicht in die neue Wohnung, aber ich konnte sie verteilen, vor allem an Christen-Freunde. Dort werde ich sie später wiedersehen.

Viele von Ihnen haben nach meiner neuen Zimmernachbarin gefragt. Es ist eine sehr ungewöhnliche kleine alte Dame, die seit 20 Jahren an Parkinson leidet. Die Tabletten, die sie dagegen nehmen muss, rufen manchmal Angstzustände hervor. Dann weint sie, kann nicht schlafen. Als ich wieder einmal daraufhin wach wurde, fragte ich sie ganz mutig: „Glauben Sie an Gott?" Darauf antwortete sie zögernd: „Manchmal ja, manchmal nein." So sagte ich ganz einfach: „Sollen wir zusammen dafür beten?" Und sie sehr erstaunt: „Ja." Nach dem Gebet schlief sie 10 Minuten später friedlich ein.

In den Tagen danach sprachen wir mehrfach über den Glauben. Immer wieder fragte sie, wie ihr Gott helfen könne, wenn sie doch einen so schwachen Glauben habe. Darauf ich: „Denken Sie wirklich, Gott handelt nach den Maßstäben unseres kleinen Gehirns? Er ist der Schöpfer von Himmel und Erde mit einer unbegreiflichen Liebe." Inzwischen haben wir wieder viele Male gebetet. Jetzt wartet sie richtig darauf und sagt auf meinen Vorschlag: „Sollen wir beten?", strahlend: „Ja, gerne."

Ich denke, dass ich im August aus der Rehaklinik entlassen werde. Für die Therapie noch viel zu früh, aber sie geht in meiner Wohnung weiter. Wir haben schon entsprechende Geräte beantragt. Hoffentlich werden sie auch bewilligt.

Immer wieder neu fällt es mir sehr schwer zu warten. Zu warten, dass das Pflegepersonal kommt, das bereits vor einer Dreiviertelstunde gesagt hat, dass es gleich da sei. Zu warten, dass der Therapieplan mit noch mehr Aktivität gefüllt wird. Zu warten, dass ich aus dem Bett endlich in den E-Rolli oder den Aktivrolli gesetzt werde. Zu warten, dass meine therapeutischen Übungen mich dazu befähigen, einen Aktivrolli selber zu bewegen. Zu warten, dass jemand kommt und meinen Kopf an einer Stelle krault, wo es schon lange juckt. Zu warten, dass die Spastik aus den Beinen geht, die bereits seit Stunden unter den Krämpfen leiden. Und dann … warten … warten.

Aber auch hier tut Gott immer wieder Wunder. Da habe ich große Spastikschmerzen und befinde mich für eine bestimmte Untersuchung für drei Tage in einem anderen Krankenhaus. Plötzlich tut sich die Tür auf und ein Physiotherapeut kommt herein und „bearbeitet" mich eine Dreiviertelstunde lang. Die Schmerzen waren wie weggeblasen. Der Körper atmete richtig auf durch die Behandlung.

Oder die Spastik quält mich am frühen Morgen zwei Stunden lang. Ich weiß, dass keiner vom Pflegepersonal Zeit hat, mir zu helfen. Da plötzlich kommen sie herein, als hätte ich sie herbeigerufen, und lagern mich wieder neu. Vorbei sind die Schmerzen.

Ich danke Ihnen so sehr für Ihre treuen Gebete. Morgens, wenn ich aufwache, und abends, wenn ich die Augen schließe, stehen Sie vor mir – Freunde, Bekannte und Unbekannte, alle Geschwister in unserem Herrn Jesus. Wie unglaublich reich bin ich dadurch.

Möge unser Herr Sie täglich mit seinem Segen bedecken.

In herzlicher Verbundenheit
Ihre Irmhild Bärend

Meine lieben Freunde,

der Umzug in die neue Wohnung ist abgeschlossen – halleluja! Es fehlt nur noch eines: ich! Wie freue ich mich darauf, endlich in ein halbwegs normales Leben zurückgehen zu dürfen.

Als ich über die vielen Monate nachdachte, in denen ich in der Klinik und nun im Rehazentrum war und bin, fiel mir auf: Neun Monate – so lange braucht ein Baby, um im Leib der Mutter groß zu werden. So viel Zeit hat Gott mir geschenkt, um mich auf einen neuen Lebensabschnitt vorzubereiten. Wie wird es weitergehen? Was wird kommen?

Ein Baby weiß das auch nicht. Da sind Vater und Mutter, die für das kleine Kind sorgen. Hier sorgen für mich liebe Menschen – und vor allem 24 Stunden am Tag ausgebildete Pflegekräfte.

Das Pflegeunternehmen, das diese Betreuer zur Verfügung stellt, trifft eine sorgfältige Vorauswahl. Ich habe die Möglichkeit, die einzelnen Betreuer kennenzulernen und zu „prüfen", ob „Qualität und Chemie" stimmen. Dabei habe ich immer darum gebetet, dass Gott die „richtigen" Menschen für diesen Dienst beauftragt. Inzwischen habe ich bei vier Pflegekräften ein ganz gutes Gefühl … und wer weiß, ob sie nicht Jesus durch diesen Auftrag kennenlernen?

Vor vielen Jahren verunglückte einer meiner Freunde, ein engagierter Christ, bei einem Autounfall schwer. Er war eineinhalb Jahre im Krankenhaus und musste dann mühsam wieder lernen – das Alphabet, die Zahlen usw.

Als ich ihn ein Jahr später sprach, war sein Vokabular immer noch sehr begrenzt. Dabei erwähnte ich auch einige Probleme, die ich damals hatte. In seiner nach wie vor strahlenden Art sagte er mehrfach: „Glaubst du nicht, dass Jesus das weiß? Du, der hat schon eine Lösung." Oder: „Überlass das doch alles Jesus. Er kann das besser als du!" Nach weiteren Wiederholungen dachte ich etwas resigniert: „So einfach geht das nicht." Jahre später fiel mir diese Situation wieder ein. Tief bewegt erkannte ich: Mein Freund hatte recht mit diesen schlichten Sätzen. Ja, Jesus weiß längst, worum es geht, und will helfen.

Daran habe ich in den letzten Monaten oft gedacht und vertraue nun Jesus ganz bewusst den neuen Abschnitt meines Heranwachsens aus der Babyphase an. Was für eine Gnade zu wissen, dass er an jedem Morgen am Ufer steht und bereits auf mich wartet, mit einem neuen Tag in seinen Händen, wenn ich aus einer erschöpften Nacht komme.

Seit 14 Tagen habe ich ein weiteres gesundheitliches Problem. Nein, eigentlich habe ich es schon seit vielen Jahren, nur keiner hat es gemerkt. Ich habe nachts Atemaussetzer. So muss ich jetzt jede Nacht eine Atemmaske tragen und sehe dabei aus wie ein Astronaut. Auf der Nase sitzt eine Art Plastikkäfig, verbunden mit einem dicken Schlauch, der an einem Motor angeschlossen ist. Dadurch wird mir ständig Luft entgegengeblasen, gegen die ich einatmen muss. Es ist wie ein Weg auf einer Düne am Meer entlang bei leichtem Wind. So freundlich versuche ich es mir jedenfalls vorzustellen.

Wie hatte man das Problem entdeckt? Die Nacht-schicht des Pflegepersonals beobachtete, dass ich beim Schlafen längere Atemaussetzer hatte. Daraufhin brachte man mich für drei Nächte in ein Schlaflabor, in dem man feststellte, dass meine Atemaussetzer bis zu eineinhalb Minuten dauerten. Dabei sank der Sauerstoffgehalt im Blut auf 63 Prozent – und das ist gefährlich. Die Folgen können Schlaganfall, Herzbeschwerden etc. sein.

Anfangs dachte ich, ich müsste ersticken, als ich die-sen „Käfig" auf meinem Gesicht spürte. Dann aber ver-suchte ich, ihn als „Freund" anzunehmen. Und nun geht es viel besser! Als mir klar wurde, dass ich dieses Gerät nun immer tragen muss, dachte ich zuerst erschrocken: Lieber Gott, was noch? Aber wie gesagt, diese Schwelle habe ich jetzt überschritten.

Wenn ich an meine neue Wohnung denke, wird mir ganz warm ums Herz. Im Geiste sehe ich darin bereits einen Hauskreis, Gebetsrunden, Liederstunden (ich habe seit vielen Jahren ein Klavier) und vieles mehr. Die Wohnung ist groß genug, damit alles darin stattfinden kann.

Viele fragen mich nach meinem Entlassungstermin aus der Reha. Es sieht aus, als würde es Anfang Sep-tember sein. Ein genaues Datum wurde noch nicht mit-geteilt. Ehrlich gesagt, wäre ich wirklich froh, wenn ich endlich einmal diese Glasglocke, die über meine Klinik-aufenthalte gestülpt war, verlassen könnte. Ich habe hier tatsächlich manchmal einen richtigen Klinikkoller. Über-all Rollstühle. Überall alte Menschen, die Stunde um Stunde an den Nachmittagen ohne Therapie schweigend dasitzen und an die Decke starren oder einen kleinen Small Talk mit dem Nachbarn halten.

Auch darin bin ich so reich beschenkt. Ich habe jeden Tag, Monat um Monat, Besuch. Mit fast allen kann ich beten, sie alle haben tiefe Wurzeln in meinem Leben. Jeder bringt frischen Wind in die Stille.

Damit Sie auch wissen, woran meine Therapeuten mit mir arbeiten: Ich übe Stehen, damit ich bei einem Transfer möglichst viel mithelfen kann. Außerdem übt man mit mir die entsprechenden Bewegungen, um einen Rollstuhl mit der Hand anzutreiben. Das ist für mich besonders schwer, weil meine Beugemuskeln zu stark und meine Streckmuskeln zu schwach sind. Das bedeutet, ich habe immer und immer wieder die Außenrotation zu trainieren.

Seit Kurzem kann ich mit Hilfe essen. Ein Ergotherapeut hält dabei meinen Arm und meine Hand. Außerdem wird die Bewegung einzelner Finger immer ein bisschen besser und der Druck der Hände kräftiger. Zu meiner großen Freude gehe ich weiterhin einmal in der Woche mit meinen Therapeutinnen schwimmen und kann bestimmte Übungen im Wasser viel besser ausführen, weil nichts mehr wehtut.

Meine Nachbarin wird am Montag in die Unfallklinik Berlin zur Operation gebracht. Sie hat Angst und möchte sich gar nicht von mir trennen. Jetzt versuche ich ihr zu vermitteln, dass sie selber mit Gott sprechen kann. Reden wie mit einem lieben Vater. Wie sehr wünsche ich mir, dass sie das dann auch tut.

Ach, wie gerne würde ich Ihnen allen schreiben, mit

Ihnen telefonieren. Das ist hoffentlich in absehbarer Zeit möglich. Herzlichen Dank für Ihre treue Unterstützung im Gebet und Ihre vielen lieben Grüße. Ein größeres Geschenk können Sie mir nicht machen.

Ihre Irmhild Bärend

Meine lieben Freunde,

am 27. November jährt sich mein Unfall. Das Jahr ist förmlich an mir vorbeigerannt: die täglichen Behandlungen und Anwendungen im Krankenhaus, die Therapien in der Rehaklinik, das Erleben der neuen Wohnung und die Umstellung auf den ganz anderen Lebensrhythmus halten mich nach wie vor in Atem.

Hinzu kommen die Schmerzen. In den letzten Wochen ist die Spastik wieder sehr heftig geworden. Sie ist Indikator für Überanstrengungen, für Wetterumstellungen, für Infektionen wie Erkältungen, für das Zuviel meines täglichen Programms. Es ist sehr schwer, in den Alltag eine Ordnung zu bringen, die ein gutes Gleichmaß gewährleistet.

Ich arbeite wieder intensiv an den Manuskripten für die Ausgaben unserer Zeitschrift „Entscheidung". Dieses Bearbeiten der Texte ist für mich wie ein tiefes „Atemholen". Es ist so wunderschön, aus den einzelnen Artikeln „Blüten zu gestalten". Die Texte sind oft zu lang oder sehr schwerfällig formuliert. Jemand sagte einmal belustigt: „Da kann man nur die Interpunktion stehen lassen." Doch es gibt auch andere Manuskripte, die von vornherein „gleiten" und nicht viel Mühe machen. Aber das Kostbare an dieser Arbeit: Ich darf wieder das Evangelium auf schriftliche Weise weitergeben.

Dieser Brief ist ein neuer kleiner Sieg für mich: Ich schreibe Ihnen mit meinem sprachgesteuerten Computer. Noch „sitzen" nicht alle Kommandos, aber die Liste mit den einzelnen Befehlen liegt neben mir. So kann ich üben. Es ist großartig, welche Möglichkeiten die Technik eröffnet.

Wie danke ich Gott für die Wunder, von denen ich so sichtbar umgeben bin: diese schöne neue, rollstuhlgerechte Wohnung. Sie hat sogar einen kleinen Vorgarten, in den ich einige meiner Lieblingspflanzen aus dem alten Garten bringen lassen konnte. Dann schenkten mir Freunde wunderschöne Rosen, die mich im nächsten Jahr anstrahlen werden. Dann fanden hier bereits Sitzungen statt, die die Welt so richtig in mein neues Leben hineinbringen.

Natürlich überfallen mich auch ab und an Gefühle des „Eingesperrtseins". Dann aber kommen Besucher, die mit mir beten. Dann trifft eine E-Mail ein mit einem ermutigenden Wort der Bibel. Dann rückt auch der Termin immer näher, an dem ich das „Behindertenauto" haben werde. Was für eine wunderschöne Möglichkeit, beweglicher zu sein.

Wie sehr bete ich für die Menschen, mit denen ich in den Kliniken über Jesus sprechen konnte. Ob der Same auf gutes Land gefallen ist? Auch hier in meinem Pflegeteam bieten sich Möglichkeiten zum Gespräch über den Glauben. Es erschreckt mich, wie wenig die junge Generation, gerade aus den neuen Bundesländern, vom Glauben weiß. Da sehe ich einen großen Auftrag!

Kurz nach meinem Unfall wurde mir das Bundesverdienstkreuz am Bande verliehen. Durch den Unfall konnte ich an dem Empfang nicht teilnehmen. Die Übergabe fand später in einem kleinen Kreis im Krankenhaus statt. Immer noch wundere ich mich darüber, dass gerade ich es erhalten habe. Es gibt so viel würdigere Menschen. Die hätten es verdient! Ich hoffe, dass es unserem Werk „Geschenke der Hoffnung" und der Aktion „Weihnachten im Schuhkarton" dient. Wie auch in den letzten Jahren ist der „Feind" wieder unterwegs und will uns torpedieren. Warum ist es nicht möglich, die eine liebenswerte Aktion neben einer anderen bestehen zu lassen? Wir können in dieser Welt doch gar nicht genug helfen!

Kürzlich musste ich wieder einige Nächte in dem Schlaflabor verbringen, in dem ich vor drei Monaten schon einmal war. Man wollte überprüfen, ob ich mit meiner Schlafmaske Fortschritte gemacht hätte. Die drei Nächte waren seelisch eine große Herausforderung. Man wartet dort den ganzen Tag darauf, abends an die verschiedenen Geräte und Elektroden angeschlossen zu werden. Dann heißt es, man solle gut schlafen, um gute Ergebnisse zu erzielen. Natürlich schlafe ich überhaupt nicht gut, und die Ergebnisse sind dementsprechend. Immerhin hat man schließlich für mich eine Lösung gefunden, mit der ich zurechtkomme.

Noch etwas: Wenn Gott nicht ein Wunder tut, um das ich ihn immer wieder flehentlich bitte, muss ich wahrscheinlich noch einmal operiert werden. Meine Spastik ist sehr viel intensiver geworden. Das hat sicherlich auch seelische Gründe, die mit der neuen Situation zusammenhängen. Sie ist darauf zurückzuführen, dass ich immer ein „Tempomensch" war. Es fällt mir so schwer, auf die langsamere Gangart umzuschalten.

Doch die Spastik bedeutet auch, dass ich durch eine

andere Zufuhr des Anti-Spastik-Medikaments besser behandelt werden könnte. Man würde mir eine hand-flächengroße Kapsel einsetzen, die mit dem entsprechenden Medikament gefüllt ist. Sie ist wiederum durch einen Schlauch mit dem Rückenmark verbunden, sodass dann das Medikament direkt zugeführt wird. Bisher nehme ich die Mittel ein, die aber sehr müde machen.

Die Gefahren bei dieser Operation sind Infektion und Hirnhautentzündung. Natürlich werden immer drama-tische Erscheinungen genannt, die eine Operation mit sich bringen kann. Doch ich kann die Augen nicht davor zumachen.

Oft habe ich den Eindruck, dass das Pflegepersonal und die Ärzte, die von meinem Glauben wissen, mit mir auf ein Wunder hoffen. Dass sie vielleicht sogar ein wenig enttäuscht sind, dass ich nicht plötzlich Arme und Beine wieder richtig bewegen kann. Dabei ist das größte Wun-der Gott selbst, der mir neues Leben geschenkt und meine Umwelt so überwältigend gestaltet hat, dass dieses Leben darin möglich ist.

Es ist ein solches Geschenk, jeden Tag neu zu wissen, dass Sie mich vor unseren Herrn tragen. Und dort tref-fen wir uns, am Thron der Gnade. Ich danke Ihnen so sehr, dass Sie diesen Weg mit mir gehen.

In herzlicher Verbundenheit grüßt Sie
Ihre Irmhild Bärend

Meine lieben Freunde,

herzlich grüße ich Sie in diesen adventlichen Tagen. Vor einem Jahr lag ich noch im Krankenhaus. Mit einer schweren Bronchitis und einer Lungenentzündung zusätzlich zu der Querschnittlähmung. Ich war so schwach, dass ich mich an vieles nicht mehr erinnere.

Heute, ein Jahr später, sitze ich im Rollstuhl in einer wunderschönen Wohnung und sehe staunend, wie die Schneeflocken auf die Terrasse fallen. Vor einem Jahr noch völlig funktionslos, ausgeknipst – und jetzt aufrecht im Rollstuhl, dem Leben wieder zurückgegeben. Was für eine Gnade!

Für mich ist Advent, die Ankunft Jesu, in diesem Jahr zu einer besonderen Begegnung geworden. Jesus kommt jeden Morgen wieder. Er steht am Ufer und wartet darauf, dass ich ihn entdecke. Er will alles neu machen, mir eine neue Chance schenken. Er sagt: „Schau nicht zurück, sieh nach vorn. Sieh nicht auf die Anstrengung von gestern, die Schmerzen, die Schwäche, die Funktionen der Hände, die plötzlich nachließen, obwohl sie bisher Fortschritte machten …"

Auch die Jünger waren enttäuscht, als sie in der Nacht nichts gefangen hatten. Dann aber stand Jesus am Ufer: Sie hatten wieder neue Hoffnung, fuhren noch einmal hinaus zum Fischen, obwohl es menschlich gesehen so sinnlos schien. Und dann waren ihre Netze voll.

So erlebe auch ich Wunder. Da bewegen sich plötzlich alle Zehen, auch die Füße. Inzwischen kann ich sogar die Beine anziehen. Und dann das wunderbare Ereignis:

Der „Gebetsmuskel" hat mit seiner Tätigkeit begonnen. Plötzlich kann der Unterarm die Hand halten, die bisher immer nur einfach nach unten kippte.

Sie alle haben darum gebetet! Wie groß ist unser Gott! Wenn nun noch die Spastik weniger würde, könnte die Funktionshand gut ausgebildet werden. Schon jetzt spieße ich, mit leichter Unterstützung, mit der rechten Hand Apfelstücke und Brotstücke vom Teller auf und führe sie zum Mund.

Ich habe mich entschlossen, die besagte Pumpe einbauen zu lassen. Mir wird oft gesagt, dass sie vielen eine große Erleichterung und eine Schmerzmilderung gebracht hat. Ich will es versuchen, weil ich weiß, dass Jesus auch diesmal am Ufer steht. Am 9. Januar muss ich mich im Krankenhaus melden.

Vor ein paar Tagen fuhr ich für einige Stunden zurück in das „normale Leben": Ich hörte im Schiller-Theater in Berlin den Soweto-Gospelchor. Es war ein Erlebnis, mitten unter den Zuhörern zu sitzen, wie jeder andere auch. Die wunderschönen Farben der Kleidung, die Kopfbedeckungen, die natürliche, tänzerische Beweglichkeit der Menschen auf der Bühne, ihre oft unglaublichen Stimmen begeisterten.

Doch die Rückfahrt brachte mich hart in die Wirklichkeit zurück: Der Fahrer mit dem Behindertenauto fuhr, als ob er den Wagen nebst Insassen dringend umbringen wollte. Ich kam weinend vor meiner Wohnung an. Kann sich so ein Fahrer nicht vorstellen, welche Schmerzen ein behinderter Mensch bei dieser Fahrweise ertragen muss?

Mein Pflegeteam wird mehr und mehr zu einer Freude für mich. Täglich begreife ich neu, was für eine Gnade es ist, so umsorgt zu werden! Einige haben gewechselt, andere sind dazugekommen. Auch hier hat das Gebet eine völlig neue Atmosphäre geschaffen. Seit einiger Zeit bitte ich die jeweilige Pflegerin, die mich morgens beim Frühstück betreut, mir doch bitte die Losungen der Herrnhuter Brüdergemeine vorzulesen, die seit Jahren zu meinem täglichen Leben gehören. Ich könnte sie natürlich auch allein lesen: So aber nütze ich die Gelegenheit und bete gleich für alle anderen aus dem Pflegeteam mit. Manchmal kann ich ganz konkret mit der betreffenden Person um deren Anliegen beten.

Wie begleite ich Sie alle in den kommenden Weihnachtstagen. Wie sehr wünsche ich, dass wir gemeinsam vor der Krippe in Bethlehem knien und das Kind anbeten, die einzige und wunderbare Hoffnung in dieser und der kommenden Welt.

Über ein Jahr lang tragen Sie nun schon „die Ziegelsteine vom Dach" ab und legen mich Tag für Tag vor die Füße Jesu. Ich danke, danke Ihnen für dieses einmalige Geschenk.

In herzlicher Verbundenheit
Ihre Irmhild Bärend

3. Ein eigenes Auto, endlich Urlaub und Abenteuer Glaube

Februar 2006

Meine lieben Freunde,

die Operation liegt hinter mir. Alles ist gut gegangen. Doch ich fand zwanzig Stunden danach keinen Schlaf. Sicherlich lag es daran, dass in der Wachstation immerzu Licht brannte und die Pfleger ständig kamen und gingen. Einer der Pfleger war neugierig und wollte mehr über meinen Hintergrund wissen. Einfach alles – vom Studium über Billy Graham, über die Schuhkarton-Aktion bis zu der Frage, was der Glaube eigentlich sei. So konnte ich erzählen von dem, was mein Leben so reich macht.

Zurückgekehrt im Krankenzimmer überfiel mich plötzlich eine erschreckende Dunkelheit. Der Arzt hatte angeordnet, mir ab sofort bestimmte Tabletten nicht mehr zu geben, unter anderem ein Schmerzmittel mit Morphin-ähnlichem Charakter. Daraufhin wurde bei mir geradezu ein „Entzug" ausgelöst. Mein Körper schlug Kabolz. Ich machte Zitterzustände durch, war zutiefst niedergeschlagen und verlor meinen Kampfgeist. Mich erfüllte nur noch ein Wunsch: nach Hause!

Der Arzt sah meine Situation. Und schon wenige Tage später erlaubte er die Rückkehr. Ganz mühsam fand ich meine Seele wieder.

Natürlich war der Krankenhausaufenthalt auch belastet durch die Erinnerung. Es ist ja noch gar nicht lange her, seit ich dort war, und nun befand ich mich schon wieder in dieser gefürchteten Umgebung.

Allerdings überfiel mich zu Hause sofort ein neuer tiefer Schreck. Die Krankenkasse teilte mir mit, dass sie pro Tag nur noch zehn Stunden meiner Betreuung übernehmen würde. Das bedeutet, dass ich 6000 bis 7000 Euro pro Monat privat bezahlen müsste. Ich weiß nicht, wie das gehen soll, da ich ja ganz hilflos bin und ohne 24-stündige Betreuung gar nicht existieren könnte. Natürlich habe ich Widerspruch eingelegt und werde notfalls auch mit einem Anwalt dagegen vorgehen. Bitte beten Sie doch mit mir um einen guten Ausgang.

Was hat die Pumpe bewirkt? Das Anti-Spastik-Mittel wird in einer sehr viel geringeren Dosierung gegeben als vorher durch die Tabletten. Es wird dem Rückenmark durch einen Katheter direkt zugeführt. Damit sind die Schmerzen in den Beinen drastisch zurückgegangen. Eine große Erleichterung! Andererseits empfinde ich jetzt in diesem Bereich ein „Lahmgefühl", als ob die Beine nicht mehr so mitmachen wie vorher. Aber man sagte mir, dass erst jetzt am Aufbau der Muskeln gearbeitet werden könne, vorher hätte die Spastik alles wieder zunichte gemacht.

Einer meiner Therapeuten ist ein gläubiger Mann. Er sagte: „Wir müssen darum beten, dass die vielen grauen Zellen, die jeder in seinem Körper hat, die Funktionen der kaputtgegangenen Zellen übernehmen. Und wir müssen darum beten, dass das Gehirn eine Verbindung zu dem Nervenstrang im Rückenmark bekommt."

Riesige Ziele, riesige Gebetsanliegen! Aber haben wir

nicht einen Gott, der allmächtig ist? Er allein ist es doch, der bei mir den Unterarm mit der Hand wieder so zusammengebracht hat, dass der Unterarm die Hand halten kann. Sie alle haben dafür treu gebetet. Wie sehr danke ich Ihnen!

Und doch gibt es ein neues Problem: Die Spastik, die den Körper so weitgehend verlassen hat, hat sich nun auf die Schultern konzentriert, die Arme und Hände. Manchmal durchzieht sie sie wie eine Eisenklammer und hält dabei die Hände fest, sodass ich sie nicht strecken kann.

Als ich das nach der OP feststellte, war ich tief entmutigt und unglücklich. Wo waren sie hin, die kleinen Fortschritte, das Bewegen der Finger, das Umsetzen von kleinen Figuren bei der Ergotherapie? Wie sehr hatte ich doch gehofft, schon bald den Rollstuhl mit der Hand zu fahren und nicht mehr mit einer Kinnsteuerung. Wie sehr hatte ich mir gewünscht, allmählich Blatt für Blatt eines Buches umblättern zu können. Nun heißt es wieder: abwarten, Geduld haben.

Was für ein Geschenk ist es dann, wenn einer aus dem wunderbaren Beterkreis einen Strauß schickt, eine Karte, einen Brief oder anruft. Oft kommen diese Überraschungen in einem Augenblick, in dem es am nötigsten ist, wenn es so aussieht, als ob kein Licht leuchtet. Martin Luther hat einmal gesagt: „Dunkle Gedanken sind wie schwarze Vögel. Wir können nicht verhindern, dass sie kommen und über unserem Kopf kreisen, aber wir können sie daran hindern, dass sie Nester bauen."

Viele Male habe ich mich in den letzten Monaten dabei ertappt, dass ich, ohne es zu merken, schon Futter auf die Landebahn streute, um es den Vögeln bei ihrem Anflug recht bequem zu machen. Doch wenn man den Gegner kennt, weiß man auch, wie man ihm entgegentreten muss. Und das geht nur, wenn man auf das Reden Gottes wartet. Wie gerne würde ich ihn manchmal laut rufen, ja schreien hören und dann ist es doch immer wieder nur ein Flüstern. Wie tröstet das: „Fürchte dich nicht" oder die Worte der Jahreslosung: „Ich lasse dich nicht fallen und verlasse dich nicht" (EÜ).

Zu meiner großen Freude darf ich meinem Pflegeteam immer etwas mehr von meiner Arbeit und meinem Glaubenshintergrund erzählen. Dabei spüre ich, dass mir auch Offenheit entgegenkommt. Wer mich auch behandelt – ich segne ihn in der Stille und denke: Gott weiß, was jeder von ihnen braucht.

Morgen muss ich zu einer ersten Kontrolle der Pumpe in das vertraute Krankenhaus. Obwohl ich weiß, dass ich danach wieder nach Hause fahren darf, begleitet mich doch Unruhe. Alles ist noch so frisch.

Als ich im Krankenhaus lag, hörte ich von verschiedenen Pflegern und dem leitenden Arzt, dass sie mit ihren Kindern Schuhkartons für unsere Aktion gepackt haben. Wie dankbar war ich! Ein Pfleger sagte sogar, überall im Bereich der Wachstation und der Rückenmarkabteilung habe er Flyer für die „Weihnachten im Schuhkarton"-Aktion gesehen. So sind doch meine vielen kleinen Anläufe und Gespräche nicht ohne Frucht geblieben.

Immer noch liegt auf meinem Herzen der große Wunsch, den Päckchenpackern Gottes Liebesbrief in die

Hand zu drücken, mit ihnen darüber zu sprechen, wie der Glaube Menschen verändert und ihnen eine neue Chance gibt. Wie viel hat man mir in den Monaten im Krankenhaus berichtet über „esoterische Ausflüge", über indische Meditationsmethoden, über das Gutsein des Menschen … Und wenn ich dann fragte: Wie begegnen Sie Gott? – kam großes Schweigen.

Ja, auch ich habe mir oft gewünscht, dass Jesus sich doch einmal so offenbaren möge, wie ich es von einigen Freunden weiß – zum Anfassen dicht, leuchtend, das Zimmer durchflutend … Aber er allein weiß, wie er mit uns redet. Das muss uns genug sein.

Als die beiden Jünger auf dem Weg nach Emmaus waren, traurig und unglücklich, dass Jesus nicht mehr bei ihnen war, ging er plötzlich neben ihnen her und redete mit ihnen. Nachdem sie ihn dann später erkannt hatten, dachten sie an den Augenblick der Begegnung zurück und sagten: „Brannte nicht unser Herz in uns, als er mit uns redete?" Dieses brennende Herz wünscht sich bestimmt jeder von uns. Aber es kann nur brennen, wenn wir wissen, dass Jesus bei uns eingezogen ist. Er gibt das Licht für den nächsten Tag. Mehr müssen wir jetzt nicht wissen.

Ihre Irmhild Bärend

Meine lieben Freunde,

halleluja! Die Krankenkasse hat meinem Widerspruch stattgegeben und, zunächst bis zum Ende des Jahres, die Stundenzahl für meine Pflege erhöht. Ich kann gar nicht sagen, wie dankbar ich bin! Damit ist eine große Sorge von mir genommen. Die Kasse deckt jeden Tag 20,5 Stunden meiner Betreuung, den Rest zahle ich dazu.

Die guten Nachrichten gehen noch weiter:

Seit ein paar Tagen habe ich ein eigenes Auto. Freunde haben es möglich gemacht. Es sieht aus wie ein kleiner dunkelgrüner Bus mit einem Aufsatz. Ich passe mit meiner ganzen Länge gut hinein und kann noch zwei Personen mitnehmen. Es ist ein unglaubliches Gefühl, wieder auf der Autobahn zu fahren, wieder „nach draußen" zu können, in die wunderschöne Umgebung von Berlin, jederzeit beweglich zu sein – wieder zum „normalen Leben" dazuzugehören.

Ich habe gleich einen Ausflug in einen großen Berliner Tierpark gemacht. Dabei entdecke ich die Welt ganz neu: Alles, was sich für mich im Rollstuhl auf Augenhöhe befindet, sehe ich, als hätte ich es nie gesehen. Wie kräftig doch die ersten Knospen an den niedrigen Büschen sind. Wie liebevoll getupft das Gefieder einer Eule, die mich mit ihren großen runden Augen in meiner Kniehöhe nachdenklich betrachtet. Und wie sich die Bäume in den Pfützen spiegeln. Und was für Hindernisse sind tiefe Löcher, die ich mit dem Rollstuhl durchquere und vorher nicht genau einschätzen konnte.

Hingerissen sitze ich vor dem kleinsten Elefanten,

den ich bisher gesehen habe. Gerade zwei Wochen alt. Und doch kann er auf seinen kleinen, stämmigen Beinchen schon sicherer laufen, als ich es vielleicht jemals schaffen werde.

Die dritte gute Nachricht:

Seit ein paar Tagen habe ich einen „Steh-Rollstuhl". Das ist eine ganz wunderbare Erfindung. Mit einer elektronischen Steuerung kann ich aus der Sitz- in die Stehhaltung befördert werden. Meine ersten Versuche mit diesem „Gefährt" fanden in der Reha-Klinik statt. Dabei wurde mir regelmäßig schwindelig, obwohl man mich nur stufenweise nach oben beförderte. Jetzt aber stehe ich wie eine „Eins" und schaue meinem Gegenüber gerade ins Gesicht. Meine erste Stehrunde löste in meinem Team verblüfftes Staunen aus: „Wir wussten gar nicht, wie groß Sie sind!" – Ich auch nicht, ich hatte es inzwischen vergessen.

So geht es Schritt für Schritt immer ein bisschen weiter. Nach wie vor quält mich die starke Spastik in den Händen und Schultern. Wie ein Eisenring schnürt sie mich zusammen und verhindert jede Eigenbewegung der Hände. Das war vor der Operation, bei der mir die Medikamentenpumpe eingesetzt wurde, ganz anders. Da ging schon so vieles … Natürlich trauere ich um diese ehemalige Beweglichkeit, andererseits weiß ich, dass Gott diesen Zustand ändern kann. Den „Gebetsmuskel", der Hand und Unterarm miteinander verbindet, hat er auch wieder aktiviert.

Ach, es ist überhaupt so eine Freude, den Menschen, die zu mir kommen, von Jesus zu erzählen. Ich war den

Tränen nahe, als eine Pflegerin aus meinem Team kürzlich sagte, was sie durch die Gespräche mit mir über die Vergebung entdeckt hätte. Wie groß ist unser Gott! Wie gnädig von ihm, dass er mich gebraucht.

Bitte verzeihen Sie, dass ich mich so lange nicht gemeldet habe. Meine Tage sind mit der Arbeit für die „Entscheidung" und den notwendigen Therapien so übervoll, dass ich am liebsten noch 12 Stunden anhängen würde. Leider muss ich dann immer wieder Abstriche bei meiner Korrespondenz machen. Zwar kann ich inzwischen mit dem sprachgesteuerten Programm E-Mails beantworten, doch es nimmt viel Zeit in Anspruch. Eigentlich ist jede E-Mail, die ich schreibe, ein kleines Kunstwerk. So viele Befehle sind nötig, damit der Text korrigiert und versandfertig ist. Und doch: Was für eine Möglichkeit hat sich dadurch für mich eröffnet! Es ist ein Fenster nach draußen, das ich selbständig öffnen kann. Immer wenn es mir schwer ums Herz wird und die Schmerzen besonders schlimm sind, denke ich an das, was inzwischen schon so viel besser geworden ist.

In zwei Wochen feiern wir wieder Ostern. Ich erinnere mich an einen Besuch in Israel. In der Nähe des Damaskustores in Jerusalem ging ich durch einen wunderschönen Garten, überall grünte und blühte es. Leuchtendes, pulsierendes Leben. Und dann stand ich vor einem Grab, ähnlich dem, in das man Jesus gelegt hat. Es war leer. Der Stein, der es verschlossen hatte, lag daneben. Meine Füße standen auf „heiligem Grund". Ja, das Grab war leer. Jesus hat die Tür in die Ewigkeit aufgestoßen – und wir dürfen ihm alle folgen. Alle, die ihn lieb haben.

Ich danke Ihnen so sehr für Ihre treuen Gebete, Ihr Begleiten, dieses überwältigende Gefühl, nicht allein zu sein.

In herzlicher Verbundenheit grüßt Sie
Ihre Irmhild Bärend

Meine lieben Freunde,

stellen Sie sich vor: Ich war zum ersten Mal seit meinem
Unfall wieder im Urlaub – eine Woche lang auf Sylt. Der
Anlass: Mein ältester Neffe heiratete dort und lud die
gesamte Familie und Freunde dazu ein. Es war ein herr-
liches Erlebnis, wieder den Nordseewind zu riechen, am
Meer mit seiner Brandung zu sein und den Schrei der
Möwen zu hören.

Sicher fragen Sie sich jetzt, wie man mich mit dem
Rollstuhl über die Dünen gebracht hat? Ganz einfach: Ich
habe mir einen Strandrolli geliehen. Er hat dicke, breite
Gummireifen, die geradezu über den Sand gleiten. Ein
bisschen erinnert er an ein Mondfahrzeug.

Wie gnädig ist Gott, dass er auch diese Tür wieder ge-
öffnet hat. Mit einer Variante des Stuhls kann man sogar
ins Meer hineingefahren werden. Noch war das Wasser
zu kalt, aber was für eine aufregende Hoffnung!

Auf der Fahrt begleiteten mich zwei Mitarbeiterinnen
aus meinem Pflegeteam. Zum ersten Mal entdeckten sie
diese Insel, zum ersten Mal nahmen sie an einem Gottesdienst so besonderer Prägung teil, zum ersten Mal erleb-
ten sie, wie selbstverständlich viele Menschen Jesus in
ihrem Herzen tragen und den normalen Alltag mit ihm
leben.

Drei Worte der Bibel sind mir kostbar: Vergebung,
Errettung und Gnade. Unter ihnen ist Gnade mein
„Schlüsselwort". Jeden Tag neu erlebe ich es. Ich danke
Gott, dass ich ein so liebes Pflegeteam habe, das mehr
und mehr mit mir erfährt, wie nah und wie groß unser

Gott ist. Ich danke unserem Herrn für meine Therapeuten. Jeder von ihnen gibt sich viel, viel Mühe, um mir weiterzuhelfen. Wie danke ich Gott auch für das große Geschenk, noch mit an der geliebten „Entscheidung" arbeiten zu dürfen. Und was für eine Tür zur Welt ist das Auto vor meiner Wohnung. Damit bin ich nicht nur transport-, sondern auch reisefähig. Und dann die vielen Freunde, die mich in meiner neuen Heimat besuchen. Früher machte ich mich zu ihnen auf den Weg, wenn wir überhaupt einen Termin fanden. Viele von ihnen sah ich jahrelang nicht. Jetzt kommen sie zu mir, und wir schaffen miteinander eine neue lebendige Gegenwart.

Zutiefst dankbar bin ich auch für die kleinen Fortschritte im Therapiebereich. Vor ein paar Tagen begann zum ersten Mal seit einem halben Jahr eine neue Therapie im Wasser. Dafür musste ich einen Neoprenanzug mit kurzen Hosen tragen. Doch ich wollte ja weder surfen noch tauchen. So bemühte ich mich, zumindest meine „dicke Schale" zu beschleunigen. Wenn die Therapeutin mich zum Beckenrand schob und mich aufforderte, dort abzustoßen, tat ich mein Bestes, um „pfeilschnell" durch das Wasser zu schießen. Nur die aufgepustete gelbe Halskrause war dabei etwas hinderlich.

Seit Kurzem habe ich auch eine Kletterwand bei Ikea erstanden. Wenn ich mit dem Rollstuhl dicht davor stehe und jemand meine Arme in eine Sprosse einhängt, kann ich mich immerhin schon mehrere Male mit dem Oberkörper hin- und zurückziehen. Das erschöpft, aber ich bin glücklich, dass der Körper zu dieser eigenständigen Bewegung fähig ist.

In der letzten Woche wurde die Pumpe in meinem Körper zum ersten Mal neu mit dem Anti-Spastik-Mittel gefüllt. Dafür musste ich zur Ambulanz in die Klinik, in der ich viele Monate verbrachte. Das fiel mir sehr, sehr schwer. Die Erinnerung an diese Zeit legte sich schon Tage vorher wie ein großer Schatten auf mein Herz. Aber dann begegneten mir dort einige Pfleger und Therapeuten, die ich kannte. Nach einer herzlichen Begrüßung begann sich die Wolke langsam zu verflüchtigen.

Nun bin ich für das nächste halbe Jahr mit dem entsprechenden Medikament gut versorgt, und der Gedanke, dort regelmäßig erscheinen zu müssen, ist etwas selbstverständlicher geworden.

Viele von Ihnen fragen mich immer wieder liebevoll, ob sich denn die kontinuierliche Spastik in meinem Schulter-Arm-Bereich gelöst habe. Gelöst hat sie sich nicht, aber die Beweglichkeit der Arme ist etwas besser geworden, und besonders der linke Arm, der sich ständig in einer intensiven Beugung befand und sehr schnell weh tat, hat sich leicht gestreckt. Auch die Abduktion der Arme geht etwas leichter.

Ich weiß, das alles sind nur kleine Schritte, aber sie zeigen, dass der Körper voran will. Kürzlich schickte mir ein Freund einen kurzen Auszug aus einem wissenschaftlichen Artikel, in dem es hieß: „Inzwischen weiß man, dass das getrennte Rückenmark lernfähig ist." Vielleicht beauftragt Gott auch meine aktiven Zellen, die Funktionen der kaputten zu übernehmen.

Was für eine Gnade ist es, glauben zu dürfen und sich jeden Tag neu in Gottes Hände zu legen. Zu wissen, er weiß, wie mir zumute ist, denn er umgibt mich „von allen Seiten". Er hat versprochen, dass dem, der von Herzen an ihn glaubt, neue Wege offenstehen. Davon bin ich zutiefst überzeugt.

Wie dankbar bin ich auch immer wieder für die große Gnade, dass Sie mich in Ihr Herz geschlossen haben und mich täglich vor die Füße Gottes legen. Wie oft halte ich mich daran fest, wenn mir meine körperliche Begrenzung wieder schmerzhaft bewusst wird. Wenn mir ein Haar in die Stirn fällt, das ich ja nicht selbst wegnehmen kann. Wenn es auf der Kopfhaut oder in den Ohren juckt und ich nichts unternehmen kann, um den Juckreiz zu beseitigen. Wenn die Nase plötzlich anfängt zu laufen und ich erst jemanden bitten muss, dass er sie mir putzt. Wenn, wenn, wenn …

Jeden Tag machen wir Tausende Handgriffe, ohne nur eine Sekunde zu überlegen oder dafür zu danken, dass wir das können.

Was für ein Gott ist das, der mich immer wieder durch die Dunkelheiten trägt und mich mit neuer Hoffnung und neuem Vertrauen beschenkt. Dabei denke ich oft an ein Wort des indischen Christen Rabindranath Tagore: „Glaube ist wie der Vogel, der singt, wenn die Nacht noch dunkel ist."

Ich danke Ihnen von ganzem Herzen, dass Ihr Gebet meinen Glauben trägt.

In fester Verbundenheit grüßt Sie
Ihre Irmhild Bärend

Meine lieben Freunde!

Was für ein Frühling! An jedem neuen Tag leuchtet eine mächtige Rotbuche in mein Fenster. Ihre dunkelroten glänzenden Blätter an den langen verzweigten Ästen strahlen wie ein Gemälde vor dem lichtblauen Himmel. Die Vögel zwitschern früh am Morgen so laut, dass ich oft dadurch aufwache. Überall duftet es honigsüß, würzig, nach schwerer feuchter Erde und dem Harz der Kiefern.

Und ich bin noch dabei! Zweieinhalb Jahre ist es her, seit ich in der Nacht wie „ausgeknipst" auf dem Fußboden lag. Was für eine Gnade, dass ich mich wieder freuen darf an dem so Kostbaren, das der Schöpfer von Himmel und Erde geschaffen hat.

Manchmal frage ich mich: Was machst du nur in diesem Rollstuhl? Warum springst du nicht einfach heraus? Der Mensch, der hier sitzt, der bin ich doch gar nicht. Was tue ich nur in diesem Gefängnis? Diese Vorstellungen überfallen mich besonders, wenn ich wieder einmal geträumt habe, dass ich endlich allein stehen und laufen und auch meine Hände gebrauchen kann. Im Traum gebe ich meine Unterschrift, mache ich mir Notizen. Damit renne ich aufgeregt zu den Menschen in meinem Traum und zeige ihnen jubelnd, dass ich das wieder kann.

Und doch mache ich auch in der „Realität" Fortschritte. Wer mich lange nicht gesehen hat, staunt über die zunehmende Bewegung der Arme, Beine und Füße; über die Entwicklung der Kopf- und Schulterbewegung; über die Stärkung der Muskeln, sei sie auch noch so klein.

Wie dankbar bin ich, dass sich die Sehnen in den Fingern noch nicht verkürzt haben und weiterhin gedehnt und gestreckt werden können. Wie froh bin ich über die Sitzbelastbarkeit, die manchmal sogar acht Stunden umfasst; wie dankbar, dass ich immer wieder neue Kraft für die vielen oft sehr anstrengenden Therapien bekomme. Natürlich habe ich auch viele Schmerzen, besonders wenn die Spastik die Arme und Hände eisern festhält – aber dann löst sie sich auch wieder.

Mit großer Freude arbeite ich nach wie vor an den Texten für die „Entscheidung". Vor Kurzem habe ich ein umfangreiches Manuskript eines Autors für den Druck vorbereitet. Neue Buchproduktionen sind geplant. Hinzu kommen Sitzungen und Gespräche mit Gästen aus dem In- und Ausland.

Vor ein paar Wochen wurde ich in einem Gottesdienst interviewt. Dabei fragte man mich auch: „Was sagen Sie heute, wenn Sie den Satz hören: ‚Hauptsache gesund'?" Über diese Frage hatte ich oft nachgedacht. Darum antwortete ich: „Seit meinem Unfall sind mir die vielen Menschen besonders aufgefallen, die körperlich gesund erscheinen, aber offensichtlich innerlich leer und ohne Hoffnung sind. Deshalb sollte man anstelle des ‚Hauptsache gesund!' besser sagen: ‚Ich wünsche Ihnen eine gesunde Seele!'"

Kürzlich besuchte mich der Mitarbeiter einer Firma, um mir eine technische Anlage vorzustellen. Wir hatten ein gutes Gespräch, auch über persönliche Fragen. Bei seinem zweiten Besuch brachte er ein detailliertes Kostenangebot mit. Dabei sagte er: „Diese Anlage habe ich auch bei einigen Prominenten eingebaut. Aber wenn Sie denken, dass die mich beeindrucken, nein, nein! Doch auf Sie habe ich mich gefreut. Sie strahlen etwas aus von Ihrem Glauben, das mich überzeugt. Ich bin in der früheren DDR groß geworden und atheistisch erzogen. Aber ich bin nicht so atheistisch, dass ich nicht erkennen würde, dass es gelebten Glauben gibt." Natürlich habe ich ihm sofort die Zeitschrift „Entscheidung" und weitere christliche Literatur gegeben. Er ergriff alles bereitwillig und sagte mit entschlossenem Gesicht: „Das verspreche ich Ihnen: Das lese ich!"

Eine andere Situation: Als ich vor einiger Zeit mit einer Mitarbeiterin aus dem Pflegeteam unterwegs war, kamen wir an einer Stelle nicht weiter. Als der Weg schließlich frei war, sagte meine Begleiterin mit einem tiefen Atemzug: „Es werde Licht!" Darauf fragte ich: „Wissen Sie, woher dieser Satz stammt?" „Nein", antwortete sie etwas verlegen. Und ich erklärte fröhlich: „Aus dem Schöpfungsbericht in der Bibel, als Gott die Welt erschuf." Erstaunt sah sie mich an und sagte dann ein wenig triumphierend: „Immerhin habe ich den Satz richtig gesagt!"

Es ist so schön, über das Abenteuer „Glauben" zu sprechen. Obwohl ich meine Finger und Hände nicht einsetzen kann, gebraucht Gott mich doch. Das ist meine große Freude.

Wie dankbar bin ich, dass es inzwischen viele technische Erleichterungen für Menschen in meiner Situation gibt. Ich bin unabhängig von fremder Hilfe, wenn ich mit der Sprachsteuerung den Laptop und das Telefon bediene. Ich kann damit auch das Fernsehen und das Licht ein- und ausschalten und Besucher von der Gartenpforte bis in meine Wohnung führen. Mit Hilfe eines Sprachprogramms kann ich in den Laptop Texte sprechen, Korrekturen vornehmen und im Internet surfen. Was für ein wunderbarer Weg in ein Stück Freiheit.

Umso schmerzlicher berührt es mich, wenn jemand für eine bestimmte Tätigkeit „meine Hände ersetzt" und dann zu mir sagt: „Sie können das ja nicht … Für uns ist das ganz selbstverständlich." Wer ist „uns"? Es sind die, zu denen ich mein Leben lang gehört habe. Jetzt aber sind es „die anderen". Die, die in einer Welt leben, zu der ich nicht mehr gehöre. Von der ich offensichtlich nach Meinung „der anderen" auch nichts weiß. Es kommt mir so vor, als ob die Menschen automatisch eine unsichtbare Trennlinie zwischen sich und mir ziehen, obwohl sich das bestimmt keiner von ihnen klarmacht und mich selbstverständlich auch keiner verletzen will. Es wird sicherlich noch lange brauchen, bis ich diese Trennung ohne innere Auflehnung akzeptieren kann.

Und jeden Tag neu lerne ich, was es heißt – zu warten! Warten bestimmt meine Tage und meine Nächte. Warten – bis ich gewaschen und angezogen bin; warten – bis man mir zu essen gibt; warten – dass die Menschen, die mich behandeln und betreuen, zu mir kommen; warten – dass ich in mein Auto verladen und ausgeladen werde; warten – dass Funktionen in meinem Körper wieder neu beginnen … Ich war mein Leben lang aktiv, voller Energie und Tempo. So ist der gegenwärtige Zustand eine ständige Geduldsprobe, die mich manchmal bis aufs Äußerste herausfordert.

Umso entspannender sind festliche Anlässe wie eine wunderschöne Geburtstagsfeier an der Müritz, die ich kürzlich erlebte – oder ein Konzert in einem berühmten Kloster in der Umgebung von Berlin oder Gespräche mit meinen vielen Besuchern. „Dein Terminkalender ist so voll wie bei einem Arzt", stellte kürzlich jemand fest.

Meine lieben Freunde, Ihre liebevollen, treuen Gebete sind es, die mich durch jeden Tag tragen. Sobald sich dunkle Gedanken in meinem Herzen festsetzen wollen, weiß ich, dass Sie für mich vor Gott einstehen. Und dann bekomme ich wieder die Kraft, sie fortzuschicken und sie Jesus zu übergeben.

Während der letzten Ostertage wurde ich an Maria erinnert. Sie fand das Grab von Jesus nach seiner Auferstehung leer. Auf der Suche nach ihm begegnete sie ihm und hielt ihn zunächst für den Gärtner. Wie muss ihr zumute gewesen sein, als er sie bei ihrem Namen nannte: „Maria!" Diese persönliche Anrede, diese direkte Zuwendung gilt jedem von uns, Ihnen und mir, und gerade dann, wenn wir voller Trauer sind und meinen, Jesus nicht mehr sehen zu können. Er kennt mich, er hat mich lieb. Er weiß, welche Schmerzen ich habe, welchen Zuspruch ich brauche, welche Geborgenheit, welche Hoffnung. Er sagt: „Ich habe dich bei deinem Namen gerufen, du bist mein!"

Sehr liebe Grüße und innigen Dank für Ihre Treue und Unterstützung, verbunden in Jesus,

Ihre Irmhild Bärend

Meine lieben Freunde,

der mächtige Orca tauchte kurz aus dem Wasser auf. Der breite Rücken wölbte sich zu einem Sprung und mit einer halben Drehung des gewaltigen Körpers peitschte seine Schwanzflosse eine Wasserladung über die Zuschauer in den ersten zehn Reihen. Lachen, Kreischen, Aufschreien – man konnte von Weitem sehen, dass viele Zuschauer völlig durchnässt waren. Zunächst hatte er nur eine Seite der Tribüne begossen. Zügig drehte sich das schwarz-weiß gezeichnete Tier um, sauste auf die gegenüberliegende Seite und durchnässte dort die Menschen in den unteren Reihen. Wieder ein voller Erfolg! Jetzt verstand ich, warum am Eingang eine Frau gestanden hatte mit einem großen Korb voller blauer Regencapes. Mich hatte man gleich in die Mitte der Tribüne bugsiert, neben andere Rollstuhlfahrer. Nach den „Wasserfällen" rechts und links dachte ich erschrocken: Der Orca wird doch nicht etwa … Und er tat es tatsächlich nicht. Die Mitte wurde verschont. Ich habe nicht gewusst, dass ein Orca richtig grinsen kann. Doch nun dirigierten die Trainer die drei Tiere, die das große Wasserbecken in Wallung brachten, zu uns. Aber nur, damit die Kolosse ihre Köpfe auf eine Plattform schieben konnten. Von dort lächelten sie uns mit der Menge ihrer beeindruckenden Zähne freundlich an. Diese Orca-Show war nur eine der verschiedenen Attraktionen im berühmten Loro-Park auf Teneriffa. Er ist ein sich weit ausdehnender Tierpark mit der wohl in Europa größten Anzahl von Papageien aller Arten.

Ja, ich habe es wieder gewagt. Ich habe wieder eine Auslandsreise gemacht. Der Transport zum Flughafen, der Transfer innerhalb der Maschine und dann die Beförderung am Zielort zum Hotel gingen sehr gut.

Ich war so glücklich, endlich wieder am Meer zu sein. Palmen, blühender Oleander überall und ein strahlender Himmel – ich habe immer still vor mich hin gejauchzt. Wieder begleiteten mich zwei Schwestern aus meinem Pflegeteam.

Aber dann änderte sich alles. Bereits einen Tag nach meiner Ankunft stellten wir fest, dass sich ein bedrohlicher Dekubitus im Steißbereich entwickelt hatte. Diese „Gegend" ist für Rollstuhlfahrer sowieso sehr gefährlich. Das ständige unbewegliche Sitzen übt einen starken Druck auf den Steiß aus. Der Körper wird an der Stelle nicht genügend durchblutet, und so kann sich schon innerhalb von zwei Stunden ein Dekubitus entwickeln. Das ist ein Druckgeschwür. Durch den Druck entsteht ein Riss, der sich ganz schnell in Länge, Breite und Tiefe ausdehnen kann.

Das Ergebnis: Zwei Tage später entschlossen wir uns, einen Arzt zu holen. Nach kurzer Bestandsaufnahme empfahl er, meine Sitzzeiten drastisch zu reduzieren und meine Liegezeiten mit ausschließlicher Seitenlagerung zu intensivieren.

Trotzdem machten wir einige Ausflüge, und ich tauchte ein paar Mal jubelnd ins Meer. Der Rückflug war sehr schmerzhaft, weil die Wunde natürlich viel größer geworden war. Aber nicht nur das, als wir einen Passagier hinter mir fragten, ob ich meine Sitzlehne nach hinten stellen dürfte, lehnte er gereizt, ja fast aggressiv ab: Das gehe nicht, seine Beinfreiheit sei eingeschränkt. Dabei sah er, dass es mir offensichtlich nicht gut ging. Die verständnisvolle Stewardess half sofort.

In Berlin angekommen, wurde sehr schnell festgestellt, dass ich sofort operiert werden musste. Wieder befand ich mich im Krankenhaus, wieder im OP, wieder auf der Wachstation. Es waren viele freundliche Ärzte, Schwestern und Pfleger, die sich um mich kümmerten – ein großes Geschenk. Wie sich herausstellte, kannten mehrere unsere Aktion „Weihnachten im Schuhkarton".

Daran knüpften sich dann sofort Gespräche an über den Glauben, über die Frage der Nächstenliebe usw. Ich freute mich! Und ich dankte Gott für diese neue Möglichkeit, von ihm sprechen zu dürfen.

Inzwischen bin ich wieder zu Hause, muss aber weiterhin liegen, liegen, liegen. Das macht mich manchmal schon etwas traurig, zumal ich vor der Reise nach Teneriffa auch schon längere Zeit mit einer Thrombose liegen musste. Doch ich kann viel im Liegezustand tun: Texte diktieren, Texte redigieren, Bilder zur Illustration der Artikel mit aussuchen, Gäste empfangen, telefonieren – und immer wieder beten.

Ich danke Ihnen allen von Herzen, dass Sie mich so treu in Ihrer Fürbitte begleiten. Oft werde ich gefragt, wie ich mein neues Leben nur bestehen könne und wie ich dabei immer wieder so zuversichtlich sei. Es ist das Gebet von Ihnen allen, das mich vor den Thron der Gnade trägt. Wie damals, als der Gelähmte von seinen Freunden durch das Dach hindurch vor die Füße Jesu gelegt wurde. Es ist inzwischen eine meiner liebsten Geschichten geworden. Gott antwortet auf unser Vertrauen. Ihm ist jedes Wunder möglich, weil er der Herr der Wunder ist.

So oft habe ich mir gewünscht, Gott einmal „hautnah" zu erleben. Sodass ich ihn geradezu anfassen könnte. Wie viel mehr wünschte ich mir das, als ich nach dem Unfall monatelang im Krankenhaus lag. Doch er erschien nicht sichtbar an meinem Bett oder als Gestalt in den Wolken. Er schwieg, so dachte ich. Oft weinte ich ihm geradezu nach, weil ich mir seine Nähe so menschlich nah wünschte. Und nichts geschah. Aber von Anfang an ereigneten sich Wunder über Wunder: Menschen, die eine Verantwortung für mich im Gebet entdeckten. Eine geeignete Wohnung wurde gefunden. Mithilfe eines sprachgesteuerten Programms konnte ich weiterhin Artikel am Computer bearbeiten – meine große Liebe. Der Strom der Besucher riss und reißt nicht ab. Sitzungen und Gesprächsrunden fanden und finden in meiner Wohnung statt. Und überall ist Jesus! Er kommt mit jedem Besucher mit. Er redet aus jeder Bibelstelle zu mir, und er sorgt für mich. Was für ein Gott!

Bitte beten Sie doch dafür, dass bei mir ein Hauskreis entsteht. Und dass auch alle Menschen, die mich pflegen und betreuen, zum lebendigen Glauben an Jesus finden.

In der nächsten Zeit werde ich noch viel zu Hause sein müssen. Meine gesamte Muskulatur ist durch die Liegezeit schwächer geworden. Doch jeder Therapeut sagt, dass der Körper ab- und aufbaut. So will ich alles versuchen, um beim Aufbau mitzuhelfen.

Ich habe noch so viel vor: reisen natürlich, eine Safari in Afrika (auch für Tetraplegiker möglich), malen mit dem Mund, Hebräisch lernen.

Sie sind meine wunderbaren Begleiter auf dieser Reise mit Gott, die immer ein Abenteuer ist. Er bedecke Sie jeden Tag neu mit seinem Segen.

Verbunden in Ihm grüßt Sie Ihre sehr, sehr dankbare Irmhild Bärend

Meine lieben Freunde,

was haben sechs Zentimeter mit vier Monaten zu tun? Unglaublich viel, wenn es sich um einen Riss von sechs Zentimetern im Steißbereich handelt und um eine Heilungszeit von nahezu vier Monaten! Wieder eine große Geduldsprobe für mich: Liegen auf der einen Seite, liegen auf der anderen Seite, ja nicht auf dem Rücken, weil die Risswunde möglichst keinen Druck bekommen darf.

Wie ich schon berichtete, hatte ein Dekubitus das alles ausgelöst, ein sogenanntes Druckgeschwür. Nach der Operation zunächst gut verheilt, öffnete sich die Narbe plötzlich kulissenartig. Noch einmal wurde genäht, und dann hieß es wieder warten, warten … Die Wunde wollte sich einfach nicht schließen.

Sicher können Sie verstehen, dass ich mehrfach dachte: Warum das auch noch? Doch ich wurde durchgetragen: Es kamen viele Besucher, ich konnte Texte bearbeiten, E-Mails schreiben, selbst wichtige Meetings fanden neben meinem Bett statt. Wieder erlebte ich, welche wunderbare Kraft Gebete haben. Wie danke ich Ihnen für Ihr treues Begleiten!

Seit einer Woche kann ich wieder Sitzübungen machen. Das ist wie eine Rückkehr ins Leben. Plötzlich hat die Welt wieder einen Horizont – oben und unten. Endlich sehe ich meine Besucher nicht mehr halbiert, sondern gerade vor mir. Endlich kann ich auch wieder auf dem Rücken liegen und muss beim Essen nicht mehr akrobatische Bewegungen mit dem Mund machen.

Wie selbstverständlich erscheint uns vieles – auch die

Tatsache, dass ich vor der langen Liegezeit stundenlang im Rollstuhl sitzen konnte … Dann war plötzlich alles vorbei. Nun war ich buchstäblich an das Bett „gefesselt".

Ich war immer ein „Intensivleber". Jetzt ist diese Mentalität noch ausgeprägter. Riechen und Schmecken sind immer neue Entdeckungen. Und das Fühlen ist geradezu ein Abenteuer geworden, wenn in meinem Körper an bestimmten Stellen plötzlich Sensoren wach werden, obwohl dort vorher alles wie tot war. Was für ein fantastisches Zusammenspiel ist unser Körper. Was für ein Meisterwerk hat Gott damit geschaffen!

Die ersten Sitzversuche brauchten erneut viel Kraft. Es dauert eine Weile, bis sich Arme und Beine wieder dehnen und strecken. Dabei erschreckt es mich, dass bestimmte Übungen plötzlich mit einer schmerzenden Spastik verbunden sind, die vorher nicht da war. Oder wenn Bewegungen auf einmal nicht mehr gehen, die vorher geradezu mühelos waren. Dann trösten mich die Therapeuten und sagen, was einmal funktioniert hätte, käme auch wieder – das Gehirn erinnere sich.

Anfang September musste ich wieder zur Befüllung meiner Medikamentenpumpe in die Klinik. Sie ist jedes Halbjahr nötig. Immer wenn ich mich der Klinik nähere, kommen mir die Tränen. Die Erinnerungen an die Monate, die ich dort sofort nach dem Unfall verbrachte, laufen wie schwarze Schatten auf mich zu. Und ich bin jedes Mal wie erlöst, wenn ich dann nach Hause fahren kann. Wie herzlich erwarte und erbitte ich von unserem Herrn, dass es doch mit mir Schritt für Schritt ein bisschen vorangehen möge.

Dabei sind mir in den letzten Wochen vier Worte kostbar geworden, die ich seither wie zwei Stafetten in der Hand festhalte. Die eine Stafette heißt: „kindlich vertrauen", die andere: „leidenschaftlich erwarten". Gott sagt, wir sollen glauben und vertrauen wie die Kinder. Und er sagt auch: „Alle Dinge sind möglich dem, der da glaubt." Nur er weiß, was er mit mir noch vorhat. Doch ich darf ihm alle meine Hoffnungen und Wünsche leidenschaftlich vortragen.

Ein wunderschönes Erlebnis war kürzlich eine Taufe in unserer Familie. Die kleine Tochter meines Neffen wurde in der alten Dorfkirche in Berlin getauft, in der wir vor Jahren schon ihren Vater tauften. Und noch dazu wurde die Taufe von meinem Bruder vorgenommen, dessen erstes Enkelkind dieses kleine Mädchen ist.

Wie damals wurde ich auch diesmal Patentante. Stolz saß ich in meinem Rollstuhl im Gang zwischen den Bankreihen. Schmerzlich war nur, dass ich das kleine Mädchen nicht in die Arme nehmen konnte. Man musste es mir schon in die Hände legen. Doch es ist ein solches Geschenk, dass ich wieder am Leben teilnehmen darf und bei diesem Familienfest dabei sein konnte. Als ich nach meinem Sturz bewegungslos auf dem Boden lag, dachte ich: „Alles ist vorbei. Das war nun dein Leben." Doch dann fing es neu an, weil Gott mir in seiner Güte wieder aufhalf. Und er schenkte mir viele liebe Menschen, die zu meinen lebendigen Händen und Füßen wurden.

Seitdem ich im Rollstuhl sitze, mache ich jeden Tag die schmerzliche Erfahrung, „beguckt" zu werden, sobald ich die Wohnung verlasse. In den Augen der Menschen liegen Mitgefühl und Betroffenheit, aber auch Erleichterung, wenn ich sie wie selbstverständlich anlächle. Zur Attraktion werde ich allerdings, sobald etwas mit mir veranstaltet wird. Unvergesslich sind mir und wahrscheinlich auch „meinem Publikum" bestimmte Situationen aus meinem letzten Urlaub auf Teneriffa. Die Beförderung vom Strand ins Wasser war ein Schauspiel. Umso schöner, wenn dann jemand aus seinem Staunen aufwachte, auf mich zulief und fragte, ob er helfen könne. Noch dramatischer war ein Transport von einem Urlaubsschiff zurück auf den Kai. Vier Seeleute, in Anatomie offensichtlich sehr unerfahren, trugen mich wie ein Beutetier. Atemlos guckten die Passanten zu. Nachdem ich wieder auf meinen rollenden Rädern saß, sahen die Gesichter richtig enttäuscht aus. In solchen Situationen versuche ich mich innerlich ganz leicht zu machen und möglichst niemanden anzusehen. Ich hatte immer eine Scheu vor einer größeren Öffentlichkeit. Jetzt kann ich mich nicht mehr vor ihr verstecken.

Es geschehen wunderbare Gebetserhörungen. Eine Bekannte stand dem Glauben bisher sehr kritisch gegenüber. Sie hatte ihn nie kennengelernt. Jetzt wurde der Ehemann plötzlich krank. Diagnose: Krebs in der Früherkennungsphase. Tiefer Schrecken in der Familie. Tiefe Ratlosigkeit: Gott, wenn es dich gibt, hilf! Viele Male beteten wir miteinander. Und dann kam das überwältigende Ergebnis: Die bösartigen Tumore konnten entfernt werden. Eine Chemotherapie war nicht nötig. Wie habe ich über Gott gejubelt!

Überhaupt, die vielen Gespräche mit Menschen, die noch niemals eine Berührung mit dem Glauben hatten. Jedes Mal denke ich: Was für eine Chance! Es ist, als ob ich Wasser auf einen ausgetrockneten Acker gießen darf. Bisher schien der Acker noch gar nicht gemerkt zu haben, dass er Durst hatte, so sehr war er an seine Trockenheit gewöhnt. Aber nun, „als der Regen kam", schien es, als ob er das Wasser immer vermisst hatte.

Ich danke Ihnen so sehr, wenn Sie nicht nur mich, sondern auch mein Pflegeteam im Gebet tragen. Vor Kurzem schieden zwei von ihnen aus, um andere Aufgaben zu übernehmen. Das war nicht einfach für mich. Die Verbindung, die wir über einen längeren Zeitraum behutsam aufgebaut hatten, ist nun vorbei. Ich muss mich auf neue Menschen einstellen. Dabei mache ich oft den Fehler, dass ich die, die mit mir arbeiten, ein bisschen als Familienmitglieder empfinde. Umso größer dann natürlich die Trauer, wenn sie nicht mehr da sind.

Doch ich vertraue darauf, dass Gott mich in seiner Liebe versorgt, wie er es bisher getan hat.

In herzlicher, sehr dankbarer Verbundenheit grüßt Sie
Ihre Irmhild Bärend

Dezember 2007

Meine lieben Freunde,

„Go, tell it on the mountain, over the hills and everywhere that Jesus Christ is born."

„Lauf, ganz schnell, steig auf die Berge. Ruf es über die Hügel hinaus: Jesus, der Retter, ist geboren." So singt und jubelt es auch an diesem Weihnachtsfest über die Welt hinaus.

Jesus lebt! Wovor sollten wir uns noch fürchten? Vor so viel Helligkeit muss die Dunkelheit die Flucht ergreifen. Das erlebe auch ich immer wieder mit tiefer Dankbarkeit. Jesus ist da und trägt mich durch die Tiefe.

Seit vierzehn Tagen kann ich wieder sitzen. Halleluja! Seit vierzehn Tagen bin ich wieder mobil, mache Einkäufe, kleine Ausflüge und staune, dass ich wieder mitten im Leben sein darf. Doch oft ist es bei den Einkäufen auch schmerzlich, in Geschäfte hineingerollert zu werden, die ich vor meinem Unfall auf zwei Beinen betrat. Was vorher ging, „geht" jetzt nicht mehr.

Aber Gott öffnet immer wieder eine neue Tür. Nicht nur das Bewegungsbad wartet wieder auf mich, auch mein Trampolin freut sich darauf, mich im nächsten Jahr hin- und herzuschwingen.

Mein besonderes Gebetsanliegen sind immer wieder die Arme, die sich oft so verkrampfen, als trüge ich an beiden Seiten des Körpers eiserne Schraubstöcke. Jedes intensive Gefühl, jede Aufregung überträgt sich sofort auf die Schultern. Ach, wenn doch die Hände sich entkrampfen und Funktionen übernehmen würden!

Wie danke ich Ihnen allen für Ihre treuen Gebete. Sie

sind wie eine warme Decke, in die ich mich jeden Tag neu einwickeln darf.

Für das neue Jahr habe ich mir viel vorgenommen: Nicht nur den Körper zu trainieren, mutig neuen Herausforderungen zu begegnen, zu reisen, sondern vor allem Menschen mit der lebensrettenden Botschaft des Evangeliums zu begegnen.

Ich wünsche Ihnen gesegnete Weihnachtstage und Gottes Bewahrung im neuen Jahr.

Ihre dankbare Irmhild Bärend

4. Reise ins Heilige Land und Haareschneiden von der Leiter

Juni 2008

Meine lieben Freunde,
seit einem Jahr eine erste kleine Reise – was für eine Freude! Zusammen mit zwei Mitarbeitern aus meinem Pflegeteam fuhr ich im Mai für ein paar Tage auf eine Nordseeinsel. Vor meinem Unfall war ich dort viele Male.

Umso heftiger stürzte jetzt die Erinnerung über mich: Da war der Deich mit den Schafen, von dem ich so gerne am Abend auf das weite, immer dunkler werdende Watt geblickt hatte. Von dort zog sich der schmale Weg durch die Felder, auf dem ich so oft geradelt war. Da war auch der Bauernhof, bei dem man an der Straße Eier und Kartoffeln kaufen konnte. Man musste nur das Geld für den Einkauf in ein kleines Kästchen legen, das neben dem Gemüseangebot hing – Vertrauen gegen Vertrauen! Heute könnte ich noch nicht einmal das Geld aus dem Portemonnaie nehmen, von den Kartoffeln ganz zu schweigen …

Vieles ist mir jetzt verschlossen, aber vieles kann ich immer noch – und das ist entscheidend: die würzige, salzige Luft riechen, hören, wie die Wellen reden, wenn sie ans Ufer klatschen, spüren, wie der Wind die Haare wild hin und her zerrt.

Wir hatten strahlendes Wetter! Die Insel war geradezu überschüttet von Sonne. Und dann das leuchtende Farbenspiel am Himmel, wenn sie am Abend wie ein riesiger rotgoldener Ball ins Meer tauchte. Am Sonntag dann der Gottesdienst in der vertrauten Inselkirche, die ich so oft besucht hatte …

Ich kam erfüllt zurück von dieser Reise und dachte wieder zutiefst dankbar: Wirklich, ich darf noch dabei sein!

Mein Unfall vor bald vier Jahren hat mein Leben von einer Sekunde zur anderen total verändert. Fremde Menschen sind meine Arme, meine Hände und meine Füße geworden. Nur mit ihrer Hilfe kann ich, wenn auch eingeschränkt, ein selbstständiges Leben führen.

Alles braucht Zeit, viel Zeit – auch waschen und anziehen. Immer wieder muss ich hin und her gedreht werden, bis alle Kleidungsstücke an der richtigen Stelle sitzen. Dabei sind meine Arme besonders widerspenstig. Sobald sie durch einen Ärmel geschoben werden, beginnen sie zu zittern und zu verkrampfen. Nach dieser morgendlichen Prozedur bin ich zu Beginn des neuen Tages zum ersten Mal müde. Dann folgen die Therapien, über die Woche verteilt. Ich habe nie gewusst, wie viel Kraft der Körper aufbringen muss, um einigermaßen fit zu bleiben.

Wie schnell schleicht sich dann der Gedanke ein: Lohnt sich das? Kommst du wirklich weiter? – Ja, ich komme weiter! Bei jeder noch so kleinen Reaktion spüre ich, dass der Körper dankbar antwortet: Ja, ich will.

Und wieder ist etwas Schönes geschehen: Ich habe endlich – halleluja – einen Hausbibelkreis. Seit ein paar

Wochen treffen sich regelmäßig bei mir vier Frauen zum Beten und zum Bibellesen. Jede meiner neuen Freundinnen hatte sich, genau wie ich, seit langer Zeit einen Bibelkreis gewünscht. Es ist so schön, diese Gemeinschaft zu erleben und miteinander Neues zu entdecken: „Was will uns Gott an dieser Stelle sagen?" Unsere Gespräche an diesen Abenden schreiben einen ganz persönlichen „Anhang" zur Bibel. Jede berichtet, was sie mit ihr erlebt, Höhepunkte und Tiefen – da fließen manchmal auch Tränen.

Es ist unglaublich, was Gott in all meiner Begrenzung mit meinem Leben macht. So fand bei mir kürzlich tatsächlich ein Konzert statt, mit vielen Gästen. Die meisten von ihnen kannte ich gar nicht. Und das kam so: Ein texanisches Ehepaar, Freunde von mir, hatte vor einem Jahr in Berlin mit einer messianisch-jüdischen Arbeit begonnen, europaweit ausgerichtet. In Verbindung mit dem 60. Jahrestag der Gründung Israels luden sie einen befreundeten amerikanischen messianisch-jüdischen Pianisten nach Berlin zu einem großen Konzert ein. Am Tag zuvor fand in meiner Wohnung ein kleiner musikalischer Abend statt: Mozart, Beethoven, Schubert … Ich hatte das Gefühl, als säße ich in einem Konzertsaal in der ersten Reihe. Doch das Wichtigste kam zum Schluss: Der Pianist berichtete von seinem Glauben an Jesus. Für viele Gäste war dieses persönliche Zeugnis sicher etwas ganz Neues. Nur Gott weiß, was in den Herzen der Menschen vorgegangen ist und was sie mitgenommen haben.

Ach, wie oft hatte ich mir gewünscht, einmal wieder Zeit zu haben und Klavier zu spielen. Dann kam der Unfall – und die Tür fiel zu. Nie hätte ich gedacht, dass einmal ein richtiger Pianist an meinem Klavier sitzen und noch dazu von seinem Glauben erzählen würde.

Seit ein paar Wochen werde ich in einem neuen „normalen" Rollstuhl gefahren, normal, weil ohne Elektroantrieb. Er eignet sich am besten für die „kleinen Wege". Leider habe ich immer noch nicht den Typ Rollstuhl, der auf meine tatsächliche Größe abgestimmt ist, den ich selbst bedienen kann, ohne dass er durch Kopfsteinpflaster und zu hohe Bordsteinkanten gebremst wird. Doch dieser neue Rollstuhl ist immerhin ein bisschen höher als sein Vorgänger. Bei dem hatte ich immer das Gefühl, als würde ich geradezu auf dem Boden entlanggeschoben. Wie genieße ich die Gelegenheiten, bei denen alle anderen, genau wie ich, einfach sitzen. Dann komme ich mir wieder „mehr dazugehörig" vor.

Was ist an meinem Unfall gut? Diese Frage wird sich jeder stellen, der eine ähnliche Situation wie ich erlebt. Will Gott mich prüfen? Will er wissen, wie stark oder wie schwach mein Glaube ist? Fragt er mich: Hast du mich auch noch lieb, wenn es dir schlecht geht? Immer mehr erkenne ich, dass er mir nichts weggenommen, sondern nur manches verändert hat.

Gott ist unbegreifliche Liebe! Sie sieht nicht Gesundheit, Leistung und Erfolg. Vielmehr redet sie durch Barmherzigkeit, Güte und Vergebung.

Liebe hat viele Gesichter, besonders strahlt sie aus dem Leid auf. Jesus rief mitten in seinem Schmerz, als er da hing zwischen Himmel und Erde: „Das tat ich für dich." An dieser Liebe richte ich mich jeden Tag neu auf.

Ihre liebevollen Gebete tragen und begleiten mich. Von Herzen Dank!

In fester Verbundenheit grüßt Sie
Ihre Irmhild Bärend

Meine lieben Freunde,

wieder in Jerusalem, wieder an der Klagemauer, am See Genezareth, am Toten Meer … Halleluja, ich war wieder in Israel! Ich habe es gewagt! Ich hatte solch eine Sehnsucht nach dem Heiligen Land, dass ich mich voller Vertrauen einfach auf den Weg gemacht habe.

Natürlich ging es nicht ohne umfangreiche Vorbereitungen. Manche Probleme wuchsen geradezu zu „Elefanten": Wo gibt es ein Auto mit einem Lifter? Wo ein Pflegebett und einen Lifter für den Transport innerhalb des Hotels? Und wo überhaupt ein Hotel, das bezahlbar ist? Und welche Orte der Bibel kann ich mit meinem Rolli erreichen?

Die Altstadt von Jerusalem mit dem rumpeligen, quaderförmigen Kopfsteinpflaster – ausgeschlossen! Schon die normalen Bürgersteige in der Stadt kaum zu bewältigen – schmal, mit höckeriger Oberfläche, immer wieder besetzt mit kleinen Bauminseln und dazu hohe Bordsteinkanten – eine ständige Herausforderung!

Wenn aber kein Auto mit Lifter zur Verfügung steht oder das einzige, das es offenbar im Land gibt, nur mit einem Fahrer und fast unbezahlbar zu mieten ist – was dann? Schließlich die Lösung: ein Mazda 5 mit Schiebetüren. Den hatten wir in Berlin vorsorglich ausprobiert. Nun wieder ein flammendes Gebet „nach oben", dass das vorbestellte Auto in der Kategorie, die ich brauchte, auch wirklich ein Mazda 5 mit Schiebetüren war – und wir bekamen ihn! Was für eine riesige Freude, als wir ihn auf dem Flughafen in Tel Aviv in Empfang nehmen konnten.

Jeden Tag waren wir mit ihm unterwegs: Einer zog mich aus dem Rollstuhl hoch, ein anderer in das Auto hinein. Das hört sich einfach an, ist es aber überhaupt nicht, da ich ziemlich groß bin und die Türöffnung für mich etwas zu klein ist. Obwohl ich den Kopf einzog, rumste ich doch mehrfach gegen die Türeinfassung. Und da ich mich nicht auf den Beinen halten kann, rutschte ich bei den vielen Transfers mehrere Male so schnell in Richtung Fußboden, dass mich einer meiner beiden Betreuer nur noch gerade so halten konnte. Doch mit der Zeit wurden wir immer professioneller. Die vielen Zuschauer auf der Straße staunten.

Dann ein neues Problem: Pflegebett und Lifter können nicht geliefert werden. Warum? Alles war doch sorgfältig verabredet! Ja, aber die politische Situation forderte ihr Recht: Gerade an dem Tag, an dem von der palästinensischen Seite aus Bett und Lifter in unser Gästehaus nach Jerusalem geliefert werden sollten, hieß es: „Die Grenzen sind zu!" Diese Situation spiegelte das alltägliche Leben in einem Land voller Gegensätze und politischer Schwierigkeiten wider.

Daraufhin entschlossen sich meine beiden Betreuer, eine Pflegerin und ein Pfleger, auf „Handbetrieb" umzuschalten: Mein Transport und Transfer wurden nun „per Hand" durchgeführt. Eine Herausforderung, da ich ja leider nicht mithelfen kann. Aber nichts bremste unsere „Entdeckerfreude". Wie herrlich war es, wieder zum sogenannten „Gartengrab" in der Nähe des Damaskustors zu gehen, für mich zum ersten Mal zu „rollern". War es hier, wo Jesus gekreuzigt wurde – wie einige meinen?

Oder nicht doch in der Altstadt von Jerusalem, wo heute die Grabeskirche steht, in der Nähe vom Jaffa-Tor?

Natürlich war es schmerzlich, nicht mehr laufen zu können. Nicht mehr in das Gartengrab hineinschauen zu können, weil die Öffnung in der Felswand viel zu schmal für einen Rolli ist. Aber ich war doch wieder da!

Atemberaubend dann der Blick vom Ölberg über das Gräberfeld hinüber zum Goldenen Tor, dem Felsendom und der Altstadt. Ich weiß noch, wie ich vor Jahren diesen recht steilen Weg vom Ölberg ins Tal hinunterkraxelte und dabei Loblieder sang.

Tief bewegte mich wieder der Besuch der „Klage-mauer", der Westmauer des alten Tempels aus der Zeit Salomos. Sicher ist sie das am meisten umkämpfte „Hei-ligtum" der Welt. Auf der linken Seite vor ihr der Bereich für die Männer, rechts für die Frauen, streng voneinander getrennt. Von morgens bis abends wird auf beiden Seiten inbrünstig gebetet, legen Menschen die Hände auf die Steine oder stecken kleine Zettel mit Gebetsanliegen in die Fugen der Felsblöcke.

Tränen liefen mir über das Gesicht, als meine Füße die Mauer berührten: Mit Millionen Menschen, die vor mir an dieser Mauer gestanden haben, brachte ich meinen tiefen Dank und meine Hoffnung vor Gott. Wie weit hatte er mich geführt! Nie hätte ich dieses Wiedersehen für möglich gehalten, als ich nach dem Sturz in meiner Wohnung hilflos auf dem Boden lag.

Und dann der Ausflug zum Toten Meer. Mein Herz hopste geradezu, als ich es von Weitem erblickte. 400 Meter liegt es unter dem Meeresspiegel. Der Höhenunterschied macht sich durch einen Druck auf den Ohren schnell bemerkbar, wenn man von dem 800 Meter hoch gelegenen Jerusalem immer weiter nach unten fährt. Die Straße führt mitten durch die Wüste an Jericho vorbei.

Auf diesem Weg half der barmherzige Samariter dem Mann, den die Räuber überfallen und ausgeplündert hatten. Und ich dachte: Wie viel ist allein durch diese Geschichte weltweit in Bewegung geraten? Für wie viele Menschen ist sie ein Vorbild geworden? Wie viele leisten bis zum heutigen Tag „Samariterdienste"?

1973 war ich zum ersten Mal auf dieser Straße unterwegs. Damals war sie lehmig, voller Löcher und Steine, unbefestigt und rumpelig. Jetzt ist sie fantastisch ausgebaut, ein richtiger „Highway". Umso größer der Kontrast, wenn man die Beduinenzelte auf den Hügeln entdeckt, nicht weit von der Straße, mit den Ziegen und Schafen, Satellitenschüsseln an den Zeltstangen und immer wieder auch ein Auto neben den armselig erscheinenden Hütten.

Das Tote Meer leuchtete uns entgegen mit tiefen Karibikfarben in allen Abstufungen, an den Rändern durch das Salz weiß umsäumt. Auf der rechten Seite der Straße steil hochstrebende Felsen. Dort die Festung Massada, auf der sich eine Gruppe Israeliten gegen die Römer zur Wehr gesetzt hatte. Und daneben die Felsen von Qumran, in denen die berühmten Schriftrollen entdeckt wurden. Und dann der Kibbutz En Gedi, eine wunderschöne Oase mit blühenden Büschen, Bäumen und exotischen Pflanzen mitten in der Wüste. Dort hatte sich David vor König Saul versteckt. In diesem Kibbutz hatte ich vor Jahren drei Wochen verbracht. Wehmütig suchte mein Blick nach dem Bungalow, in dem ich damals mit meiner Mutter gewohnt hatte. Ja, damals war ich dort überall herumgelaufen. Hatte mich gefreut an diesem bezaubernden Ort, mitten zwischen Salz und Steinen und den Ziegen, die wie Ballettdamen über die schroffen Klippen kletterten. Jetzt war ich wieder da, traurig – glücklich.

Wir hielten in En Bokek an, dem Zentrum der Kurhotels. Als mein Rollstuhl in dem tiefen Sand an einem Stein festhing und nicht wegzubewegen war, kamen plötzlich wie aus dem Nichts zwei Männer und zogen mich mit kräftiger Hand heraus. Ach, schoss es mir durch den Kopf: Gott ist doch in jeder Situation da. Er holt dich selbst aus dem Sand.

Schon in Berlin hatte ich mich auf den See Genezareth gefreut, Kinnereth, Harfe, wie er im Hebräischen heißt. Und dann stand ich, diesmal mit dem Rollstuhl, neben dem alten Mosaik, den zwei Fischen und einem Brot, in der „Brotvermehrungskirche". An diesem Ort hatte Jesus die vielen Tausend Menschen mit Brot und Fischen gespeist. Touristen strömten hinein und knieten nieder, küssten den Stein oder berührten ihn ehrfürchtig mit den Händen. Und da war Kapernaum und dort der Berg der Seligpreisungen – immer wieder musste ich mit den Tränen kämpfen. Was für ein Geschenk, das alles noch einmal wiedersehen zu dürfen!

Das kleine Hotel in der Nähe, in dem wir zwei Nächte verbrachten, war ein Ort zum Atemholen. Die Terrasse über dem See, blühende Sträucher, Windlichter auf den Tischen am Abend – ich schlief so entspannt, als ob ich nach Hause gekommen wäre. Und ich traf bei dieser wunderbaren Reise alte Freunde wieder. Jahrelang hatte ich sie nicht gesehen. Sie nahmen mich in die Arme, und wir erzählten und erzählten …

Schließlich ging es wieder ans Kofferpacken. Der Rückflug mitten in der Nacht war nicht einfach. Plötzlich wurde mir schlecht und ein bisschen ohnmächtig. Aber nach einer Weile ging es wieder.

Zu Hause angekommen, musste ich ein paar Tage einfach nur liegen. Mein Körper hatte viel geleistet, auch manche Schmerzen ausgehalten, aber Seele und Herz haben gejauchzt und tun es immer noch. Jeden Tag öffne ich meine Schatztruhe der Erinnerungen und freue mich an den Kostbarkeiten.

Immer noch staune ich, wie gut ich die Reise bewältigt habe. Oft saß ich stundenlang auf einem normalen Autositz, und trotzdem entwickelte sich kein Dekubitus. Natürlich staute der Körper Wasser an verschiedenen Stellen, aber es lief auch wieder ab, nachdem ich eine Nacht geschlafen hatte. Dabei stellte ich erneut fest, dass sich der Körper trotz der Lähmung freut, gefordert zu werden, selbst wenn ich bestimmte Bewegungen nur mit großer Mühe und „Zähnezusammenbeißen" ausführen kann.

Vor ein paar Wochen passierte etwas Entzückendes: Viele Schüler und Schülerinnen, acht bis vierzehn Jahre alt, aus einer kleinen Stadt in der Nähe von Köln, schrieben mir liebevolle Briefe. Eine Freundin gibt ihnen Religionsunterricht und erzählte ihnen von mir. Daraufhin schickten sie mir Briefe und Zeichnungen mit ihrem großen Kinderherzen. Immer wieder heißt es darin: „Wir beten für dich, wir beten um ein Wunder. Und du weißt doch, dass Gott Wunder tut."

Diese Briefe sind jetzt eine lebendige Wand in meiner Wohnung. Jeden Tag lächeln sie mich an. Und immer wieder bewegt es mich tief, dass mich so viele Menschen liebevoll begleiten. Von Herzen Dank Ihnen allen. Sie tragen mich vor Gott wie die Freunde den Gelähmten, als sie ihn vor die Füße von Jesus legten und sagten: „Herr, hilf ihm."

„Nächstes Jahr in Jerusalem" – mit diesem Gruß verabreden sich Juden zum nächsten Passahfest in der Stadt Gottes. Doch Jerusalem ist auch für uns alle, die wir Jesus lieb haben, das Zentrum des Glaubens. Dort sehen wir überall seine Spuren. Dort wurde er gekreuzigt. Dort stand er wieder auf von den Toten. Mit ihm ist unser Leben nie zu Ende. Es ist immer Zukunft.

Ihre Irmhild Bärend

Meine lieben Freunde,

jeden Morgen strahlt mich ein wunderschöner Advents-
kranz an. Er ist doppelstöckig! Ja, er ähnelt tatsächlich
einer Richtkrone mit den beiden Kränzen übereinander,
dicht behängt mit vielen kleinen Geschenken. Mein
Team hat ihn an der Decke befestigt, so kann sich jeder
daran freuen.

Hilfsbereite Schülerhände, immerhin schon 16 Jahre
alt, haben die Geschenke gut verpackt. Es ist herrlich,
einen Fanclub zu haben – Kinder und Teenager, die mich
gar nicht kennen, aber an meinem Leben intensiv teilnehmen. Laura, 10 Jahre alt, schreibt: „Ich möchte gerne
deine Freundin sein. Wann kann ich dich besuchen?",
und Dustin, 8 Jahre alt, schickt mir ein selbst gemaltes
Bild mit einer bunten Frühlingswiese. „Du sollst dich an
den Pflanzen freuen", steht auf der einzigen noch freien
Stelle zwischen den Blumen.

Bin ich nicht reich? Mitten in meiner Begrenzung,
umgeben von den vielen Zäunen „bis hierher und nicht
weiter" öffnen große Kinderherzen Türen in die Weite.
Jeden Tag neu erfüllt mich eine so tiefe Dankbarkeit –
dass ich noch lebe, dass ich noch dabei sein darf.

An den letzten Adventswochenenden habe ich einige
kleine Ausflüge zu verschiedenen Weihnachtsmärkten
gemacht. Zugegeben, es war oft sehr mühselig und auch
schmerzhaft, über die großen, holprigen Pflastersteine
gerumpelt zu werden. Dabei rutschten die schmalen
Räder des Rollstuhls immer wieder in die engen Fugen
zwischen den Pflastersteinen. Es war auch nicht einfach,

die Auslagen der einzelnen Stände zu bestaunen, weil die Menschen dicht um uns herumstanden oder sich vor mir entlangdrängten. Manche Blicke kritisierten mich gereizt wie: „Muss die gerade jetzt hier entlangfahren?" Andere dagegen bemühten sich eifrig, mir Platz zu machen. Ich habe nie gewusst, was es heißt, Raum beanspruchen zu müssen, den man liebend gerne verschenkt hätte.

Überhaupt meine Beförderung! Wie dankbar bin ich, dass ich ein Auto haben darf. Dass ich nicht abhängig bin von dem Fahrdienst für Behinderte. Er ist immer überlastet, muss lange vorausgebucht werden und ist auch keinesfalls im Notfall rasch zur Stelle.

Wie sehr ich auf dieses Auto angewiesen bin, erlebte ich kürzlich bei einem Autounfall. Meine Pflegerin hatte mich mit dem Rollstuhl im Auto bereits fest gesichert, als ein Linienbus an uns vorbei wollte. Gereizt drückte der Busfahrer mehrfach auf die Hupe, weil wir ihm den Weg versperrten. Obwohl er sah, dass ich im Verladezustand und offensichtlich behindert war, forderte er sein Recht: „Ich will vorbei!" Eilig versuchte meine Betreuerin den Rollstuhl-Lifter einzufahren, der sich an der Längsseite des Autos befindet. Und dann passierte es! Mit voller Wucht fuhr sie auf das vor uns stehende Auto, weil sie den Lifter nicht vollständig eingefahren hatte. Wunderbarerweise ist niemand etwas passiert, aber der Lifter ist total kaputt, ein Schaden von 10000,– Euro. Doch wie gnädig hat uns Gott bewahrt!

In solchen Augenblicken erlebe ich meine totale Hilflosigkeit besonders schlimm. Ich bin völlig angewiesen auf die Menschen, die mich betreuen, die mit mir unterwegs sind. Oft denke ich: Wenn ein Feuer ausbricht, wenn überhaupt irgendetwas passiert, kannst du nichts tun. Du bist ganz ausgeliefert! Werden dann immer Menschen da sein, die dir helfen?

Mein gesundheitlicher Zustand ist wechselnd. Manchmal stürzt der Blutdruck ganz schnell ab. Dann wird mir elend bis zu einer leichten Ohnmacht. Die Spasmen können so intensiv sein, dass ich nach einigen fast anfallartigen Zuständen geradezu erschöpft bin. Dabei dauern sie meistens nur einige Sekunden. Und doch ist es immer wieder eine so aufregende Entdeckung, welche Reaktionen der Körper unvermutet zeigt: Da empfinde ich an einer Stelle plötzlich Wärme, die vorher „wie taub" war. Oder wenn ich richtig entspannt bin, kann ich die ständig zu Fäusten zusammengeballten Hände tatsächlich ein Stück weit öffnen. Wie oft denke ich dann: Ach, warum schaffen sie nicht noch den letzten „Sprung" bis zur vollständigen Dehnung? Erst dann wären sie ja imstande, Funktionen zu übernehmen.

Nach wie vor tun Schultern und Arme besonders weh, wenn sie längere Zeit nicht bewegt worden sind und dann durch den Therapeuten wieder bearbeitet werden. Schrecklich ist auch immer wieder das schwere Bleigefühl, das die gesamte zweite Hälfte des Körpers – von der Taille bis zu den Zehen – bestimmt. Das Anti-Spastik-Mittel legt den gesamten unteren Bereich des Körpers „lahm". Er hat jetzt die Unbeweglichkeit und Schwere eines Mehlsacks. Umso mehr konzentrieren sich die Therapeuten auf die Stärkung meiner sogenannten Restmuskulatur.

Dabei stelle ich natürlich auch fest, dass mein ständig übervoller Alltag den Körper sehr fordert. Nach einem voll gepackten Tag sind die Spasmen noch viel stärker, und sie kommen auch öfter. Meine Tage könnten gerne acht Stunden mehr haben. In den Nächten, in denen ich öfter schlecht schlafe, denke ich: Die Stunden bummeln sich richtig durch. Was für eine Gnade, alle diese inneren Spannungen, oft auch Ängste, Gefühle, bei Gott abliefern zu können. Hat er doch gesagt: „Ich weiß, was gut für dich ist. Und ich will das Beste für dich."

Das neue Jahr beginnt – und damit auch wieder die Sorge, ob die Krankenkasse die Fortführung meiner Pflege bewilligt. Ach, bitte beten Sie doch mit mir, dass der Antrag genehmigt wird. Mein so schwer errungenes neues Leben hängt davon ab.

Für die weihnachtlichen Tage und das neue Jahr, das auf uns zukommt, wünsche ich Ihnen von Herzen tiefe neue Begegnungen mit unserem Herrn. Nur bei ihm ist Sicherheit, ganz egal, welche Krisen die Welt erschüttern.

Damals flohen Maria und Josef mit dem Jesuskind vor Herodes. Inzwischen ist eine ganze Welt auf der Flucht. Wer nicht vor dem Feind flieht, fürchtet sich vor dem anderen oder flieht vor sich selbst. Unsere Fluchtwege heute sind länger. Sie beginnen nicht mehr in Bethlehem und enden in Ägypten. Nein, sie erstrecken sich von Kontinent zu Kontinent.

Anders als wir wissen Maria und Josef, wohin sie gehen. Der Engel gab einen klaren Auftrag: „Macht euch sofort auf!" Und eine Wegbeschreibung: „Vermeidet die

Straßen des Herodes!" Dazu das Ziel: „Ägypten!" Der Fluchtweg wird zu einem Richtweg. Weil einer zu ihnen gesagt hat: „Dahin!"

Anders als uns erfüllt Maria und Josef nicht Angst, sondern Vertrauen. Anders als wir fliehen Maria und Josef nicht aus Furcht um das eigene Leben. Das Kind in ihren Armen, das Bündel Leben, umschließt auch ihr Leben. Solange sie es bei sich haben, ist es hell um sie, haben sie Licht für ihren Weg.

Wer auf der Flucht ist und das Kind fest in seinen Armen hält, braucht keine Angst zu haben: „Der Fluchtweg wird zum Richtweg werden."

Wie sehr danke ich Ihnen immer wieder für Ihre treuen Gebete. Es ist nicht auszudenken, in welchem Zustand ich wäre, wenn Sie nicht Ihre Hände für mich falten würden.

In dankbarer, herzlicher Verbundenheit grüßt Sie
Ihre Irmhild Bärend

Meine lieben Freunde,

sind Ihnen schon einmal von einer Leiter aus die Haare geschnitten worden?

Auch diese Erfahrung gehört zu meinem neuen Leben:

Ich hatte mich in einem neuen Friseursalon angemeldet. Nachdem man mich zu einem Waschbecken gerollt hatte, kam eine kleine Friseurin zu mir und fragte: „Können Sie Ihren Rollstuhl etwas absenken?" Die junge Frau war im Stehen nicht größer als ich mit dem Rollstuhl im Sitzen. „Nein", antwortete ich etwas ratlos. „Aber haben Sie einen Untersatz, mit dem Sie etwas ‚wachsen' können?" Sie lächelte zuversichtlich, sagte: „Ich finde schon etwas" – und kam mit einer Leiter zurück. Dann stellte sie sich doch tatsächlich auf eine der unteren Sprossen und fing an, meine Haare zu schneiden. Das machte sie so selbstverständlich, als ob sie jeden Tag nichts anderes tun würde. Auch als sie die Haare föhnte, wandte sie sich nicht etwa an einen großen Kollegen, der neben ihr stand. Nein, sie hielt den Föhn und die Bürste weit von sich gestreckt und jonglierte damit geschickt um meinen Kopf herum. Das Ergebnis war beeindruckend. Leider war der Haarschnitt etwas zu kurz geraten, aber für diese artistische Übung ein großartiges Resultat.

Immer wieder werde ich mit Situationen konfrontiert, die völlig neu für mich sind: Gibt es Dampferfahrten, bei denen der Behinderte nicht nur in den geschlossenen Mittelteil des Schiffes, sondern auch hinauf auf das Deck befördert wird? Sind die Zuschauer bei einer Vorführung bereit, dem Rollstuhlfahrer Platz zu machen, damit er nach vorne fahren und von dort aus gut sehen kann? Welche Geschäfte, Restaurants oder Cafés haben keine Stufen? Welche Türen sind so schmal, dass der Rollstuhl einfach nicht hineinpasst? Welche U-Bahnhöfe haben Aufzüge für Behinderte und welche nicht? Und was, wenn der Fahrstuhl an der Station defekt ist, an der ich gerade aussteigen muss?

Sehnsüchtig blicke ich auf Menschen, die mit schnellen Schritten die Straße überqueren oder auf dem Fahrrad kräftig in die Pedale treten. Dann kommen Gedanken wie: „Das kannst du jetzt nicht mehr." Aber da ist auch das Hoffen: „Ob Gott nicht doch ein Wunder tut?"

Ich weiß nicht, wie viele Menschen mir nach dem Unfall ein Haar aus der Stirn gestrichen, die Nase geputzt oder die Ohren gerubbelt haben, damit der fast unerträgliche Juckreiz an diesen Stellen wieder aufhörte. Gegen Abend ist er besonders schlimm: Je müder ich werde, umso mehr plagen mich die „Nervenläuse". Ich habe das Gefühl, als ob es ständig an vielen winzigen Stellen im Kopf- und Halsbereich pikst und krabbelt – und selber kann ich mir doch nicht helfen.

Weh tun auch immer wieder die Schultern und Arme, wenn die Spastik zupackt. Sie verwandeln sich in eiserne Stöcke. Kämpfen muss ich auch mit dem Rücken, der lieber einsinkt, als sich gerade aufzurichten. Hinzu kommt die mehlsackartige Unbeweglichkeit des gesamten Körpers – er wird ja durch entsprechende Medikamente völlig „lahmgelegt". Ob sich an diesem Zustand noch einmal etwas ändert? Und doch schenkt mir Gott jeden Tag neuen Mut und Zuversicht. Wenn ich nicht an ihn glauben würde, geschähe es jetzt. Nur durch seine Gnade und Ihre treuen Gebete bin ich immer wieder fröhlich und danke ihm für seine große Güte.

Kürzlich wurde ich im Anschluss an einen Vortrag zum Thema „Leid" interviewt. Es bewegte mich sehr, mit wie viel Mitgefühl die Menschen danach zu mir kamen. Ach, es gibt nichts Schöneres, als von unserem Herrn zu reden.

Ich bin auch so froh, dass mein kleiner Hauskreis wächst. Es ist ein großes Geschenk, diese Gemeinschaft zu erleben und miteinander – wie früher – in Gottes Wort zu lesen und darin auf „Entdeckungsreise" zu gehen.

Ach, und es ist immer wieder so eine Freude, noch schreiben zu dürfen, mitzuarbeiten an der schönen Zeitschrift „Entscheidung". Ich liebe es, die etwas ungelenk geschriebenen Texte einzelner Autoren durch leidenschaftliches Redigieren zum „Blühen" zu bringen. Kürzlich hatte die bekannte Journalistin und Moderatorin Sandra Maischberger einige verblüffend „junge" Hundertjährige zu einem Interview eingeladen. Dabei wurde berichtet, dass die meisten Hundertjährigen auf Okinawa leben. Fünf Kriterien sind für ihre Jugendlichkeit entscheidend: Ernährung, Bewegung, Arbeit, Gemeinschaft, Spiritualität. Na, bei diesen Erfahrungswerten darf ich ja sehr fröhlich nach vorne schauen.

Mein Abenteuergeist ist immer noch ungebrochen. Anlässlich eines besonderen Ereignisses schenkte man mir kürzlich einen Flug mit einem Heißluftballon. Er steigt von einer bestimmten Stelle in Berlin auf und gibt einen weiten Blick frei. Auch zu einem Gebetsrundflug über meine Stadt wurde ich eingeladen. Ein Freund ist Hobby-Pilot, engagierter Christ und traut sich zu, mich mitzunehmen. Eine dritte Person hat in diesem Flugzeug keinen Platz. Ich brauche nur ein bisschen Mut – und den habe ich. Außerdem träume ich weiter von einer Safari in Afrika.

Ich bin Gott von Herzen dankbar, dass die Krankenkasse auch in diesem Jahr den Großteil der Stunden für meine Pflege bezahlt. Doch wie immer liegt auch ein Teil bei mir. Ich weiß nicht, wie ich ohne diese Betreuung existieren könnte.

Inzwischen ist es Frühling geworden. Die mächtige Rotbuche vor meinem Fenster sieht aus, als würde sie brennen. Nicht so flammend wie ein Feuer, das gerade erst entzündet wurde. Nein, eher wie ein tiefes warmes Glühen, so richtig von innen heraus, als ob da noch viel mehr kommen würde an Schönheit und Leuchtkraft in den kommenden Monaten.

Was für ein wunderbarer Maler ist unser Schöpfer! Wie verschwenderisch hat er seine Natur ausgestattet! Es ist wie ein Wettlauf der Farben. Eine leuchtende Blüte möchte die andere am liebsten überholen. Das alles darf ich trotz meiner Begrenztheit sehen, fühlen, schmecken.

Ich danke Ihnen allen so sehr für Ihre Liebe, Ihre Fürsorge, Ihr festes Begleiten – was für ein Reichtum!

In herzlicher Verbundenheit grüßt Sie
Ihre Irmhild Bärend

5. Ein Kuss auf die Wange und andere Glücksmomente

Mai/Juni 2010

Meine lieben Freunde,

es ist grün, atemberaubend grün! Nach monatelangem Frost, Schnee, Kälte, dunklen, nackten Bäumen und Zweigen – endlich Frühling! Wenn ich unterwegs bin, bewegt sich mein Kopf wie ein Scheibenwischer – es gibt so viel zu sehen und zu bestaunen: War der Himmel schon immer so klar, so blau? Und die riesige wunderschöne Blutbuche vor meinem Fenster, leuchtete sie auch im letzten Jahr so dunkelrot wie in diesen Tagen?

Dieses Wachwerden des Jahres – was für ein Wunder ist es immer wieder! Wie danke ich Gott, dass ich das erleben darf. Kein Tag ist für mich selbstverständlich – wenn ich gut geschlafen habe, wenn die Spastik nicht so schmerzt, wenn ich wieder mit dem Rollstuhl draußen sein kann …

Überhaupt, die vielen kleinen Ausflüge sind so ein Geschenk. Allerdings sind sie jedes Mal mit einem „Anlauf" verbunden. Früher zog ich mir nur den Mantel über und war schon aus der Haustür. Heute dauert und dauert es – bis ich gut und fest im Rollstuhl sitze, bis Jacke oder Mantel angezogen und um mich herumgesteckt sind. Auch das Schuheanziehen ist manchmal sehr sperrig, weil meine Füße und Zehen nur wenig beweglich sind. Dann kommt die Beförderung mit dem

Lifter in das Auto. Der Lifter öffnet sich nur bei einer bestimmten Höhe des Bordsteins. Ist die Bordsteinkante wenige Zentimeter zu hoch, bleibt die Sicherheitsklappe zu. Daraufhin muss mit dem Auto hin- und hergefahren werden, bis die richtige Position erreicht ist.

Schließlich sind wir unterwegs. Da mein Rollstuhl ziemlich hoch ist und ich selbst noch im Sitzen groß bin, habe ich durch die Seitenfenster nur ein begrenztes Blickfeld – etwa ein Drittel von dem, was man normalerweise sieht. Alles andere bleibt unsichtbar. Da kann ich nicht mal schnell nach oben blicken, um etwas anzugucken. Ich kann auch nicht feststellen, in welcher Straße ich bin – die Straßenschilder sind einfach zu weit oben. Und doch, wie unwichtig ist das alles im Vergleich dazu, dass ich trotz aller Unbeweglichkeit beweglich bin und am täglichen Leben teilnehmen darf.

Ein Wunder ist es auch für mich, dass ich in den letzten Monaten trotz vieler Sitzstunden keinen neuen Dekubitus bekommen habe. Sobald er sich nur abzeichnet, geht eine rote Alarmlampe an. Dann heißt es: liegen, liegen, liegen. Beim letzten Dekubitus dauerte es ja ein halbes Jahr.

Vor ein paar Monaten besuchte mich ein Arzt aus Israel. Er leitet in der Nähe von Tel Aviv eine Klinik mit dem Schwerpunkt Rückenmarkverletzte. Freunde hatten uns miteinander bekannt gemacht. Bei dem Gespräch stellte er fest, dass meine Therapien in vielem der Behandlung in seiner Klinik entsprechen. So konnte er keine wirklich neuen Maßnahmen vorschlagen, auf die ich im Stillen gehofft hatte. Doch er wies auf einige bestimmte Therapien hin, die ich unbedingt intensivieren sollte. Er nannte auch eine Privatklinik in meiner Nähe, in der man mit Rückenmarkverletzten Gehübungen macht.

Seit ein paar Wochen habe ich eine neue Steuerung an meinem Rollstuhl. Oben an der Rückenlehne hat man rechts und links zwei kleine metallene Arme mit einer Steuerungsfunktion eingebaut. Mit ihrer Hilfe kann ich bei entsprechender Bewegung des Kopfes angeben, ob ich nach rechts oder links fahren möchte. Die Bedienung ist etwas mühsam, besonders wenn es über holprige Wege geht. Auch hier muss ich wieder Geduld lernen. Wie gerne würde ich mit einer Handsteuerung fahren! Doch die Spastik in den Händen ist noch zu stark. Und doch ist es ein wunderbares Gefühl, den Rollstuhl selbst bewegen zu können. Das ist endlich wieder etwas, das ich „allein kann".

Bei allem anderen hilft mein Pflegeteam. Jeden Tag sind sie meine Hände und Füße bei meinem halbwegs selbstständigen Leben. Es ist so schön, wie jeder von ihnen sich einsetzt. Wir besuchen Gottesdienste, bereiten meinen Hauskreis vor, sie fahren mich überall hin und sind meine treuen Reisebegleiter. Ich bin so dankbar, dass ich für sie nicht in erster Linie ein „Pflegefall" bin, sondern jemand, dem man gerne hilft „zu leben" …

Zurzeit beten wir sehr um eine weitere Pflegekraft. Das Pflegeunternehmen, das mich betreut, wächst so rasch, dass immer wieder Mangel an Pflegekräften entsteht.

Zu meiner großen Freude geht es wieder in den Urlaub. Ende des Monats will ich mit zwei Mitarbeitern aus meinem Pflegeteam für 14 Tage nach Italien verreisen.

Ich entdeckte ein kleines behindertengerechtes Hotel im Süden, nahe am Meer. Dort wird man mit einem Baderolli ins Wasser gebracht. Wie glücklich macht mich die Vorstellung, wieder in diesem herrlichen Element herumpaddeln zu dürfen.

Was hat sich in meinem Körper inzwischen verändert? Das Wärmegefühl ist intensiver geworden. Jetzt spüre ich, wie wohltuend es ist, wenn das warme Wasser über Beine und Zehen läuft. Ich spüre auch, wenn ich eingecremt werde. Dabei reagieren die Nerven in den Fußsohlen besonders lebhaft. Heute Morgen dachte ich begeistert: Da ist ja plötzlich etwas aufgewacht! Auch die Rückenmuskulatur ist stabiler und die Sitzfestigkeit besser geworden. Ich kann mich im Stuhl gerade aufrichten und auch den gesamten Körper richtig strecken. Das ist wie Atemholen. Leider sind die Hände immer noch zu Fäusten zusammengezogen. Wenn ich ganz entspannt bin, kann ich sie zwar bis etwa zur Hälfte öffnen, aber dann ist Schluss. Es ist, als ob Klammern sie regelrecht festhalten. Wie bete ich darum, dass Gott sie öffnet und sie Funktionen übernehmen können.

Wenn ich dieses überwältigende Frühlingsgrün um mich herum sehe, kann ich kaum glauben, dass es monatelang in dunklen kahlen Ästen und Bäumen verborgen war. Das macht mir so viel Mut. Ja, mit Gott gibt es immer einen neuen Anfang.

In herzlicher, großer Dankbarkeit grüßt Sie
Ihre Irmhild Bärend

Meine lieben Freunde,

es war kalt und nass. Ein leichter Nieselregen fiel. Ich saß in meinem Rollstuhl auf dem Bürgersteig und wartete, bis meine Betreuerin das Auto abgeschlossen hatte. Plötzlich kam ein etwa 50-jähriger Mann auf mich zu. In diesen Situationen empfinde ich meine Hilflosigkeit ganz besonders. Ich kann dem Gespräch nicht ausweichen. Ich kann mich nicht abwenden. Ich bin wirklich ausgeliefert.

Leicht schwankend, offensichtlich etwas angetrunken, näherte er sich mir. Leutselig lächelte er mir zu und sagte wie nebenher: „Ja, ja, es gibt immer noch etwas, das schlimmer ist." Und dann, als spräche er zu sich selbst: „Man kommt auf diese Welt allein, erlebt viel Leid und geht allein. Das Wichtigste dazwischen: Freundschaften." Dann sah er mich noch einmal nachdenklich an, klopfte mir auf die Schulter, murmelte: „Viel Kraft", gab mir unvermittelt einen Kuss auf die Wange und ging davon. Verwirrt sah ich ihm nach.

Plötzlich drehte er sich um und kam wieder zurück. Etwas atemlos blieb er vor mir stehen. Er griff in seine Tasche, und mit den Worten „Das wollte ich Ihnen unbedingt noch geben" zog er ein goldgelbes Ahornblatt heraus und legte es auf meinen Schoß. „Das sollen Sie haben", wiederholte er noch einmal, „es ist das erste Herbstblatt, das ich heute aufgehoben habe." Dann ging er. Mir kamen die Tränen. Es ist so eigenartig: Seit ich im Rollstuhl sitze, erhalte ich immer wieder solche überraschenden, liebevollen Geschenke. Sie sind wie Blumen am Weg.

Vor Kurzem bin ich von einer kleinen Reise aus Norddeutschland zurückgekommen. Man hatte mich zu einem Interview eingeladen anlässlich einer Tagung zum Thema „Leid". Diese Interviews bedeuten für mich immer eine große seelische und körperliche Erschöpfung. Umso tiefer berühren mich die anschließenden Gespräche. Einer nach dem anderen kommt zu mir und sagt: Jetzt erst wüsste er, wie gut es ihm im Vergleich zu mir doch ginge. Er könne seine Finger und Beine bewegen, er könne zugreifen und laufen. Wie schrecklich, wenn das alles nicht mehr ginge.

Doch noch etwas viel Wichtigeres geschieht bei diesen Interviews: Die Zuhörer erkennen, dass ich unmöglich selbst die Kraft haben kann, so mutig und zuversichtlich mit meiner Situation umzugehen. Es kann nur Gottes Kraft sein, die mich dazu fähig macht. Er bezeugt sich selbst. Wie gnädig, dass er seine Macht gerade in den Schwachen aufleuchten lässt.

Im Sommer ging es also nach Italien in ein kleines Ferienzentrum zwischen Rom und Neapel. Der Besitzer, ein Neapolitaner und ehemaliger deutscher Gastarbeiter, hatte alle seine Ersparnisse in einen Bauernhof dort investiert. Er wollte gerade behinderten Menschen einen barrierefreien Urlaubsort bieten. Mitten zwischen Zitronenbäumen, Blumen, Büschen, Gräsern und Palmen saßen wir jeden Tag unter großen, gemütlichen Sonnenschirmen. Der Weg zum Meer, vorbei an alten ländlichen Häusern, malerischen Gärten und Feldern, war jedes Mal eine große Freude. Wie dankbar war ich, eine ganz andere Landschaft und Luft genießen zu dürfen! Und wieder war es ein neues Erleben, als Behinderte unter Behinderten zu sein. Da erscheint Behindertsein so normal.

Bei allen Ausflügen ist die Beförderung in meinem Rollstuhl eine Mutprobe. Jedes Kopfsteinpflaster, jede Bordsteinkante, jede Unebenheit im Boden, Wurzeln, plötzliche Steigungen und Absenkungen sind eine große Herausforderung. Manchmal habe ich das Gefühl, als säße ich auf einem bockenden Esel. Dabei ist es so zum Staunen und Danken, dass ich relativ lange im Rollstuhl sitzen kann. Ärzte und Therapeuten haben dafür keine Erklärung. Auch darin sehe ich wieder, dass Gott Dinge möglich macht, die menschlich gesehen unmöglich erscheinen. In den letzten 14 Tagen spürte ich zum Beispiel, dass sich einige Zehen aneinander rieben. Dieses Gefühl war jahrelang nicht da gewesen. Wieder eine dieser wunderbaren kleinen Überraschungen! Da bewegt sich plötzlich etwas in meinem Körper, das vorher wie tot war.

Doch gibt es auch Phasen der Mutlosigkeit, wenn die Spastik den Körper zu einer Art „Brett" macht. Die Ursachen können Erschöpfung sein, ein zu volles Arbeitsprogramm, Aufregung, Schrecksituationen oder die Einnahme von Antibiotika. Dann überfällt mich der Gedanke, es habe sich eigentlich nichts in meinem Körper verbessert. Wie froh bin ich, wenn sich dieser Zustand nach einigen Stunden beruhigt und die vertrauten Reaktionen wieder da sind.

Ach, wie gerne würde ich meine Hände ohne Hilfe ausdehnen und strecken. Das gelingt bisher nur den Therapeuten. Aber sie sagen, die Sehnen und Muskeln hätten sich noch nicht verkürzt. Traurig erlebe ich aber, dass sich die Finger nach einer kurzen Dehnung wieder zu Fäusten zusammenziehen. Doch ich lerne, damit zu leben und es jeden Tag neu anzunehmen.

Wie ermutigend sind dagegen die Entdeckungen, die ich trotz meiner Behinderung mit Gott machen darf. Es ist so unglaublich, riechen und schmecken zu dürfen, über die Schöpfung zu staunen, die goldenen Herbsttöne zu bewundern, den oft so atemberaubend leuchtend blauen Himmel. Was für ein Geschenk, noch leben zu dürfen und ein Pflegeteam zu haben, das mich umsichtig betreut.

Eine riesige Geduldsprobe ist jedes Mal das Warten: warten, bis ich gewaschen und angezogen bin, bis ich im Rollstuhl sitze, gegessen habe, für einen Weg nach draußen genügend „eingepackt" bin, bis mir jemand zu trinken gibt, meine Nase putzt, ein Tuch um den Kopf legt. Immer heißt es: Warten, bis … Umso überwältigender ist die Tatsache, dass Gott für mich sorgt.

Ich danke Ihnen, meine lieben Freunde, von ganzem Herzen für Ihre treuen Gebete.

Mit dem neuen Jahr steht wieder die Frage der Behandlungspflege vor mir. Bitte beten Sie doch mit mir, dass die Krankenkasse auch im Jahr 2011 die Kosten für meine Pflege übernimmt.

In herzlicher, dankbarer Verbundenheit grüßt Sie
Ihre Irmhild Bärend

Meine lieben Freunde,

es ist grün. Unglaublich grün. Das Blätterdach der Bäume vor meinem kleinen Garten ist so dicht, dass die Sonnenstrahlen Mühe haben, hindurchzudringen. Es ist jedes Jahr ein richtiges Fest, wenn die Natur wieder aufwacht, die Luft immer wärmer wird, der Himmel immer blauer und die Vögel zwitschern. Manchmal sind sie so laut, dass man kaum sein eigenes Wort verstehen kann. Kürzlich besuchte mich eine Nichte. Während wir uns unterhielten, klingelte ihr Telefon. Ein Freund war am Apparat. Er muss sie überrascht gefragt haben, wo sie denn sei. Als sie es ihm erklärte, sagte er: „Das muss ich einmal kennenlernen." Und woher rief der junge Mann an? – Aus Bali. Da hatte er doch tatsächlich durchs Telefon die Vögel aus Berlin gehört.

Ich bin so dankbar für die vielen Möglichkeiten, die mir die Technik gerade in meiner Situation anbietet. Vor ein paar Tagen hing ich in meinem Liftertuch, um in den Rollstuhl befördert zu werden. Plötzlich machte der Lifter keinen Mucks mehr. Da befand ich mich nun zwischen Zimmerdecke und Fußboden und konnte weder nach oben noch nach unten bewegt werden. Was nun? – Aber richtig, da war ja noch mein Pflegebett. Das funktionierte, rauf und runter. So konnte ich dort vorsichtig abgelegt werden. Schließlich fuhr man mich mit dem Pflegebett durch die ganze Wohnung nach vorne auf meine kleine Holzterrasse, damit ich doch Licht und Sonne hatte. Ich glaube, dass in meiner gesamten Umgebung noch nie ein Mensch in seinem Bett draußen vor der Tür stand.

Mein kleiner Garten mit der Terrasse wird jedes Jahr zu meinem „Luftzimmer". Ich lade alle Besucher ein, dort zu sitzen, ob es kalt ist oder warm. Wenn ihnen kühl wird, bekommen sie einfach eine Wolldecke.

Und wer pflegt den Garten? Wieder sind da Freunde. In all meiner schweren Begrenztheit erlebe ich durch die Hilfe vieler kostbarer Menschen eine Freiheit, für die ich Gott gar nicht genug danken kann.

Jeden Tag außer sonntags habe ich eine Therapie. Da ich mich selbst kaum bewegen kann, tun mir diese vielen Dehnungen und Streckungen unendlich wohl. Endlich Aktion! Es ist wie ein neues Existenzgefühl.

Wieder hat die Kasse die Kosten für meine Betreuung übernommen. Ich bin so dankbar! So habe ich ein Pflegeteam „rund um die Uhr" und kann immer jemanden rufen. Vor einigen Wochen quälte mich ein schlimmer Allergieschnupfen, Tage und tagelang. Die Nase lief und lief – ganz fürchterlich. Saß ich im Auto, war es besonders unangenehm. Meine Betreuerin konnte ja nicht gleichzeitig Auto fahren und meine Nase abwischen. So musste ich warten, bis wir irgendwo anhielten.

Es gibt aber auch Situationen, die mir meinen Zustand noch bewusster machen: Nach einem Einkauf saß ich im Auto und wartete darauf, dass meine Pflegerin an der Kasse bezahlte. Ich hatte großen Hunger. Vor mir auf der Ablage lag eine Tüte mit einem Brötchen. So gerne hätte ich hineingebissen, aber ich konnte weder danach greifen noch hätte ich es in den Mund schieben können. In solchen Augenblicken denke ich angstvoll: Was wäre, wenn du weglaufen müsstest – du könntest es doch nicht!

Mein Auto ist auch ein Ausdruck der Liebe Gottes – und wie er es behütet! Neulich hatte mich eine Pflegerin auf einen Parkplatz geschoben, um mich dort besser mit dem Lifter in das Auto einladen zu können. Als sie es holte und zügig in die Einfahrt einbog, nahm sie die Kurve zu kurz und schrammte mit der einen Seite des Autos an einen Metallpfosten. Es war wie in einem Film. Ich saß da und konnte nichts machen. Mein erster Gedanke war: Hauptsache, ihr ist nichts passiert, das Auto fährt noch und der Lifter funktioniert.

An meinem Geburtstag erfüllte ich mir einen lang gehegten Wunsch: Ich besuchte die Frauenkirche in Dresden. Vor Jahren war ich schon einmal dort – als ich noch laufen konnte. Damals türmte sich nur ein Haufen Steine an der Stelle, an der die Kirche zerbombt worden war. Nie hätte ich mir vorstellen können, was für eine meisterhafte Schöpfung einmal daraus entstehen würde. Jetzt saß ich in meinem Rollstuhl still in ihrem Innern und nahm alles tief in mich auf. Am meisten beeindruckte mich das Kreuz der alten Frauenkirche, das man nach dem Brand gefunden hatte.

Zuerst wollte man es wieder auf die Turmspitze setzen, entschied sich dann aber für ein anderes Kreuz: Es war ein Geschenk des englischen Volkes als Zeichen der Versöhnung. Und das Bewegendste: Das neue Kreuz wurde vom Enkel des Piloten gestaltet, der damals die Bombe auf die Frauenkirche abgeworfen hatte. Ach, wie viele Kreuze könnten in dieser Welt als Zeichen der Versöhnung aufgestellt werden, wenn Menschen Jesus in ihr Herz aufnehmen würden!

Mit großer Freude arbeite ich weiterhin mit an der Zeitschrift „Entscheidung". Ich weiß gar nicht, wie ich Gott danken soll, dass ich diese schöne Arbeit trotz meiner Einschränkung begleiten darf. Und ich gehöre noch zum Vorstand von „Geschenke der Hoffnung". Bei jeder Sitzung freue ich mich so sehr, die vertrauten Gesichter der deutschen und amerikanischen Mitglieder wiederzusehen. Wie viele schöne Erinnerungen kommen dann wieder! Wie viele Jahre haben wir miteinander gekämpft, gebetet, aufgebaut!

Gerne lädt man mich zu Interviews oder Berichten über mein Leben im Rollstuhl ein. Dabei fragt man mich oft, ob ich Gott nicht Vorwürfe gemacht hätte bei diesem Schicksal. Nein, das habe ich nicht. Vielmehr empfinde ich mein jetziges Leben als neue Aufgabe. Sie ist die schwerste, die mir begegnet ist, aber sie ist auch unglaublich wunderbar.

Zu meinem Geburtstag erhielt ich eine riesengroße Karte, auf der Franklin Graham und eine Reihe seiner Mitarbeiter von „Samaritan's Purse", der Partnerorganisation von „Geschenke der Hoffnung", unterschrieben hatten. Ich weiß jetzt, wie sehnsüchtig sich kranke Menschen Kontakte zur Außenwelt wünschen und besonders dann, wenn sie ans Bett gefesselt sind. Jedes liebe Gesicht, das um die Ecke guckt, etwas Zeit mitbringt und mit mir betet, ist wie ein helles Licht.

Vor ein paar Tagen erlebte ich eine besondere Überraschung. Es besuchten mich 14 Sinti aus Hamburg, die durch den Dienst einer Missionarin zum lebendigen Glauben an Christus gefunden hatten. Sie begleiten mich schon lange im Gebet und wollten mich nun anlässlich eines Berlinbesuchs kennenlernen. Was für Wunder tut dieser große Gott, dachte ich, als ich in ihre Augen sah. In ihnen leuchtete eine tiefe Liebe zu Jesus. Sie sangen Jesuslieder, darunter auch eins in Romanes, ihrer eigentlichen Sprache. Dabei dachte ich: Gottes Wort redet, ganz gleich, zu welcher Kultur, zu welchem Volk. Es hat Kraft – wie die Bibel sagt: „dynamis".

Gestern machte ich eine Entdeckung, die mich sehr beglückte. Als man mir eine neue Leinenhose anzog, spürte ich plötzlich die Struktur des Stoffes. Er war etwas rau, und überall auf den Beinen bemerkte ich seinen leichten Druck. Wieder ein kleiner „Millimetersieg".

Ich danke Ihnen von ganzem Herzen für Ihre treuen Gebete. Wie sehr wünsche ich mir, dass die Hände wieder Funktionen übernehmen, und wie sehr erbitte ich, dass ich Gott immer tiefer erlebe und Jesus noch mehr verkündigen kann!

In herzlicher Verbundenheit grüßt Sie
Ihre Irmhild Bärend

Meine lieben Freunde,

jeden Morgen strahlen mich die weißen Blüten einer Christrose an. Sie ist die erste Blume, die ihren Kopf über den Schnee erhebt. Die zarten Blütenblätter schimmern wie feines Porzellan. Sie wirken so unberührt – wie eine Einladung in das neue Jahr, das noch keine Spuren hinterlassen hat. Und dass sie gerade zum Christfest zu blühen beginnt, ist ein so schönes Symbol für die Ankunft des Kindes in der Krippe.

Die vielen kostbaren Begegnungen in den vergangenen Monaten gehen mir immer noch nach. Es kamen Besucher, es riefen Menschen an, von denen ich jahrelang nichts hörte – aus der Schweiz, dem Kongo, aus Amerika, aus Südafrika … Plötzlich waren sie da, und wir erzählten – stundenlang. Gibt es etwas Schöneres, als einander zu berichten, was Gott im Leben des einen oder anderen getan hat? So muss es einmal im Himmel sein, wenn wir „Lichtjahre" Zeit haben, uns auszutauschen.

Meine Tage sind vollgestopft mit Terminen, den regelmäßigen Therapien, der umfangreichen Pflege und dem immer wieder Unterwegssein. Im Spätherbst unternahm ich eine ungewöhnliche Reise. Ich fuhr mit zwei Pflegerinnen aus meinem Team in meinem Auto nach Italien in ein Thermalbad. Vor vielen Jahren war ich schon einmal dort. Das Thermalwasser und die Behandlung mit der Fango taten damals so gut. Jetzt erhoffte ich auch für meine Spastikschmerzen eine Erleichterung. Das Hotel, ausgewiesen als „behindertengerecht", stellte sich schon bald als freundliche Übertreibung heraus. Die Fahrstühle waren so schmal wie eine Sardinenbüchse. Neben mir konnte niemand mehr stehen. So fuhr ich durch die Stockwerke „solo" hinauf und hinunter und hoffte, dass mich meine Begleiterinnen am entsprechenden Stockwerk empfangen würden. Das konnten sie aber nur, wenn sie die Stufen bis ins dritte Obergeschoss im Renntempo hinaufsprangen. Waren sie aber sehr müde, weil wir wieder einen großen Ausflug gemacht hatten, schafften sie es nicht rechtzeitig bis zur Tür des Fahrstuhls. Die öffnete sich natürlich automatisch, schloss sich aber gleich wieder, weil ein anderer Hotelgast den Fahrstuhl zu sich holte. Dort erschien ich verblüfften Gästen des Hotels, die mich auf meine Bitte hin per Knopfdruck wieder zurück zu meinem Stockwerk beförderten.

Auch im Schwimmbad staunte man über meinen Anblick. Kein Wunder, mein Weg zum Schwimmbecken glich einem königlichen Einzug. Mir voraus ging immer eine Pflegerin, die den Lifter rollte, dann kam ich mit dem Rollstuhl, und hinter mir schob der Bademeister den kleinen Lifterstuhl, mit dem ich anschließend ins Wasser gesenkt wurde. Wir waren ein tägliches Schauspiel. Am liebsten hätte ich für die vielen neugierigen Blicke Geld eingesammelt.

Der Höhepunkt dieser Reise war eine Gondelfahrt durch Venedig. Einer meiner Neffen war für einen Tag zu Besuch gekommen und hatte die Gondolieri entsprechend „gespickt". Ich glaube, für das Geld hätten sie auch einen Elefanten in die Gondel bugsiert. Kaum hatte ich mich versehen, hoben sie mich mit meinem Liftertuch aus dem Rollstuhl und setzten mich in den Kahn, als machten sie das alle Tage. Ich jubelte, als wir von einem Seitenkanal in den Canale Grande einbogen. Es war ein unglaubliches Erlebnis! Natürlich hätte ich bei einigen der heftigen Wellen auch ins Wasser plumpsen können, aber ich dachte: Irgendjemand wird dich dann schon herausholen.

Mehrfach sprachen uns Hotelgäste an. Sie bewunderten unser gutes Zusammenspiel und unser fröhliches Lachen, trotz meiner schweren Behinderung. Dadurch bot sich oft eine wunderbare Gelegenheit von Jesus zu reden und zu bezeugen, dass er Kraft und Mut gibt, die menschlich gesehen kaum möglich sind.

Er gibt auch Geduld und Energie für die vielen Therapien. Sie sind eine ständige Herausforderung: Nur nicht aufgeben! Oft staune ich über mich selbst. Ich unternehme jetzt viele Dinge, für die ich mir als „laufender" Mensch keine Zeit genommen habe, die ich aber jetzt als Rollstuhlfahrer voller Freude in Angriff nehme. Eine liebe Freundin schenkte mir in diesem Jahr ein neues Gerät, mit dem ich begeistert übe. Es ist eine Art Fahrrad, das ich im Bett, im Liegen, bedienen kann. Dabei zeigt es genau an, wie viele Umdrehungen ich selbst trete und wann der Motor die Bewegung wieder übernimmt. Noch sind es nur Minuten, die ich allein schaffe, aber es werden immer mehr. Ein Zusatzteil des Geräts bewegt meine Arme und zeigt auch da an, wie viel ich selbst leiste.

Das alles braucht einen langen Atem. Wie oft denke ich: Ach, was könnte ich in diesen Stunden tun! So viel Zeit geht verloren. Doch nur durch die Therapien werden meine Gelenke gedehnt, gestreckt und davor bewahrt zu versteifen. Insgesamt gesehen kann ich für meine gesundheitliche Situation immer nur loben und danken.

Es ist ein großes Geschenk, anderen erzählen zu dürfen, wie mich der Glaube an Jesus durchträgt. Es sind die vielen Gebete, mit denen Sie alle mich zum Thron der Gnade tragen. Darüber kann ich gar nicht genug und voller Begeisterung reden – bei Interviews, in Gesprächen, in meinen Artikeln und Briefen.

Wie glücklich bin ich über meine Mitarbeiterin, die mir am Computer hilft. Zwar besitze ich ein Sprachprogramm und diktiere auch damit, aber bei der Fülle der Aufgaben ist es durch die Korrekturen zu zeitaufwendig.

Genauso sind der Schutz und die Bewahrung im Auto ein Geschenk. Jeder aus meinem Pflegeteam fährt sehr gut. Aber es gibt auch Situationen, in denen ich spüre, dass Gott seine Engel mitfahren lässt.

Eine meiner Lieblingsbeschäftigungen ist mein „Kamelhandel". Gemeint sind die vielen Vermittlungen: Da braucht einer eine Wohnung oder einen Arbeitsplatz, ein seelsorgerliches Gespräch, einen Kontakt zu Menschen, die ich kenne – oder, oder. Es ist wie ein großes Netzwerk, an dem ich knüpfen darf.

Was wird das neue Jahr bringen? Das Wichtigste für mich – dass ich die Nähe und Liebe unseres Herrn täglich neu erfahren darf.

Ich danke Ihnen allen sehr, sehr herzlich für Ihre treue Begleitung über so lange Zeit. Ein alter Freund sagte kürzlich: „Du weißt, du bist nicht allein. Wir sind jeden

Tag in unseren Gebeten bei dir." Gibt es etwas Größeres? Muss ich mich fürchten, wenn doch der große Herr auf mich aufpasst?

Helle Weihnachtstage und Gottes Segen, Gnade und
Bewahrung für das neue Jahr wünscht Ihnen
Ihre Irmhild Bärend

P.S.: Diesmal hat die Krankenkasse die Fortsetzung der häuslichen Krankenpflege für das nächste Jahr bereits vor Weihnachten genehmigt. Halleluja!

Meine lieben Freunde,

es gibt Glücksmomente, die einfach nicht zu beschreiben sind. Solch einen Sonnenstrahl erlebte ich vor ein paar Wochen. Ich fuhr mit meinem Rollstuhl an einem See entlang, zusammen mit meinem Neffen und seiner kleinen Familie. Sie leben in Amerika, so sehen wir uns leider viel zu selten. Als wir langsam am Wasser dahinrollten, erklärte meine kleine Großnichte – fünf Jahre alt – plötzlich, sie wolle mit mir weiterfahren. Ihr Vater setzte sie auf meinen Schoß. Dabei schlang sie ihre Ärmchen um meinen Hals und legte ihr Köpfchen an meine Brust. Es war ein kostbares Erlebnis! Meine Arme und Hände sind doch so begrenzt in ihren Funktionen. Ohne fremde Hilfe könnte ich sie weder ausstrecken noch das kleine Mädchen in die Arme nehmen. Ach, es ist schwer, nur aus dem Rollstuhl heraus zu reden und gerade zu einem Kind eine Beziehung aufzubauen, wenn man sich kaum bewegen kann. Umso mehr rührte es mich, als sich die Kleine mir anvertraute.

In meiner ganzen Behinderung sind es immer zuerst die Arme, die ich unglücklich angucke. Wie gerne würde ich sie wie Windmühlenflügel drehen, in den Himmel werfen, Lasten damit tragen – und es geht nicht … Vielleicht empfinde ich deshalb in den letzten Jahren eine besondere Sympathie zu Pinguinen. Sie erinnern mich an meinen Zustand. Wenn diese Seevögel an Land sind, hängen ihre Flügelarme wie nutzlos an beiden Seiten herunter. Doch im Gegensatz zu mir können sie immerhin mit kleinen Watschelschritten erstaunlich lange Strecken laufen. Wenn ich das doch eines Tages wieder könnte! Aber es gibt auch gute Nachrichten über kleine Fortschritte: Seit einigen Monaten kann ich die Zehen kräftig bewegen, mit den Füßen Paddelbewegungen ausführen und im Sitzen mit den Beinen schaukeln.

An jedem neuen Tag staune ich über den Kampfgeist, mit dem Gott mich wieder ausrüstet. Früher, bei meinen Reisen, habe ich oft bewundert, wie aus schroffen Felswänden vereinzelt Blumen und grüne Pflanzen wuchsen. Auch wenn ich über trockenen Wüstensand lief, streckte sich hier und dort plötzlich eine kleine Blume der Sonne entgegen. Dabei waren weit und breit weder Wasser noch Nährboden zu sehen. Unglaublich, wie die Pflanzen mitten in der Trockenheit und oft unter sengender Hitze gedeihen. Das ist für mich zu einem Bild geworden: In seiner Liebe lässt Gott mitten in meiner „Dürre" Blüten wachsen.

In den nächsten Tagen stehe ich vor einem aufregenden Ereignis: Ich bekomme einen neuen Rollstuhl, den ich mit dem linken Arm allein steuere. Das erfordert viel Übung und Geduld, es ist aber auch ein großer Schritt in ein bisschen mehr Unabhängigkeit. Lange Zeit konnten meine Arme und Handgelenke keine Schiebebewegungen von links nach rechts ausführen. Jetzt aber geht es mit dem linken Arm langsam voran, ein kleines Wunder. Natürlich haben wir bereits verschiedene Steuerungsmöglichkeiten für das selbstständige Fahren ausprobiert. Aber keine von ihnen war letztlich erfolgreich, noch dazu, weil ich in einer grünen Gegend voller Bäume wohne. Die dicken Wurzeln haben die Bürgersteige an vielen Stellen hochgehoben, sodass Bodenwellen entstanden sind, die mit einer weniger fixierten Rollstuhlsteuerung schwer überwindbar sind.

Und noch etwas Überraschendes ist geschehen: Nach vielem Suchen entdeckte ich ein Schwimmbad, und – nicht zu glauben – es befindet sich sogar ganz in meiner Nähe. Warum nur ist es mir nicht früher aufgefallen? Jetzt aber geht es mit großen Schritten voran: Man setzt mich mit einem Lifter auf einen kleinen Stuhl und senkt mich dann in das Wasser ab. Es ist herrlich, wie leicht der Körper im Wasser wird und wie geradezu glücklich er die verschiedenen Übungen des Therapeuten annimmt. Auch dieser Schwimmtherapeut ist ein großes Geschenk. Ich bin für ihn der erste Patient mit einem Querschnitt. Natürlich hat er sofort im Internet nach Therapiehinweisen für wasserbegeisterte Querschnittpatienten gesucht. Doch die Suche blieb erfolglos. Etwas ratlos sagte er zu mir: „Für dich gibt es noch kein Buch!" Nun sind wir gespannt, wie der Körper auf die neue Behandlung reagiert. Ich weiß gar nicht, wie ich Gott für das alles danken soll!

Ein Gebetsanliegen ist nach wie vor der Personalnotstand in der Pflege. Auch mein Team ist unterbesetzt. Inzwischen stellte mein Pflegeunternehmen Mitarbeiter aus anderen Ländern ein. Doch es braucht Monate, bis sie integriert sind. Vor ein paar Wochen schickte man einen Spanier in mein Team, einen sehr netten, hilfsbereiten Mann mit einer sorgfältigen Berufsausbildung. Aber dann das Problem: Die Verständigung … Manche Tage habe ich mit ihm regelrecht „durchlitten". Ich versuchte mit ihm zu reden – in zwei, drei Sprachen, was immer mir nur an Vokabeln einfiel. Am Abend war ich oft so erschöpft, dass mir die Tränen in den Augen standen. Für meine Betreuung sind jeden Tag Hunderte Handgriffe nötig. Und wenn ich das alles mit Bildern und Beispielen begreiflich machen will, ist das wie die Arbeit auf einer Baustelle. So beten wir wieder um einen neuen Mitarbeiter – möglichst ohne Übersetzung.

Eine große Freude sind immer wieder meine vielen Besucher. Jedes Mal bringen sie ein Stück Welt in meine Wohnung. Wir teilen nicht nur Schönes miteinander, sie berichten auch, was sie selbst bedrückt. Es ist ein großes Vorrecht, dass ich sie mit meinen Gedanken und meinem Gebet begleiten darf. Da besuchte mich zum Beispiel vor Kurzem ein Inder, der in seiner Heimat unter 17000 Sinti- und Roma-Kindern arbeitet. Da berichtete mir eine großartige Missionarin von ihrem treuen Dienst unter den Massai. Da ruft mich regelmäßig ein lieber Freund aus dem Kongo an, der dort als Arzt unter den Ärmsten der Armen arbeitet und fragt, wie es mir geht, und betet für mich. Da nehmen Freunde aus Kanada intensiv an meinem Leben Anteil … Es ist uns allen so ein Bedürfnis, diese Freundschaften zu pflegen. Was für eine Hilfe ist dabei die Technik, welche Brücken baut sie zwischen den Kontinenten!

Und ich darf weiter Texte redigieren, Interviews führen und aus meinem Rollstuhl bei der Zeitschrift „Entscheidung" mitdenken. Wie beglückend zu erleben, wenn die Artikel durch die „Schleifprozesse" dichter und lebendiger werden. Das ist für mich wie frischer Sauerstoff, den ich atme.

Im nächsten Jahr feiert die „Entscheidung" einen großen Geburtstag: Sie wird 50 Jahre alt. Ich kann kaum beschreiben, was das für mich bedeutet. Am 1. Mai 1974 habe ich sie übernommen und bis zu meinem Unfall Ende November 2004 geleitet. Im Laufe der vielen Jahre ging es über Höhen und durch Tiefen. Ich habe die Zeitschrift mit aller Liebe und Leidenschaft auf mein Herz genommen. Ich habe sie durchgebetet, sie manchmal auch durchgeheult, und ich hatte oft Angst, wir müssten sie aus finanziellen Gründen einstellen. Doch Gott beschenkte die „Entscheidung" jedes Mal mit neuem Leben.

Wie danke ich Ihnen allen für Ihre festen Gebete! Ich kann mir gar nicht vorstellen, wie ein Mensch ohne zu beten Mut, Kraft und Frieden finden kann. Beten ist wie eine riesige kostenlose Tankstelle, deren Ölquelle nie erschöpft ist. Und alle, die dort tanken, teilen das Benzin mit anderen. Keiner geht leer aus.

Wir haben einen wunderbaren Gott: Er kann mit „fünf Broten und zwei Fischen" mehr als 5000 Menschen ernähren. An seiner Hand zu gehen – etwas Größeres gibt es nicht. Blaise Pascal hat einmal gesagt: „Es ist nicht auszudenken, was Gott aus den Bruchstücken unseres Lebens machen kann, wenn wir sie ihm ganz überlassen."

In herzlicher, dankbarer Verbundenheit grüßt Sie
Ihre Irmhild Bärend

Nachwort – eine Art Bewunderung

Als ich diese Briefe zum ersten Mal las, zogen sie mich sofort in ihren Bann. Ich war zugleich persönlich berührt, theologisch herausgefordert und geistlich bereichert.

Irmhild Bärend ist für mich keine unbekannte Autorin. Über lange Jahre hinweg habe ich in der Zeitschrift „Entscheidung" immer wieder Texte von ihr gelesen. Manche gaben mir Impulse für meine Predigten, andere haben mich persönlich betroffen, getröstet, ermutigt. In den letzten Jahren habe ich miterlebt, mit welchem Schwung Irmhild Bärend „Weihnachten im Schuhkarton" angestoßen und vorwärtsgebracht hat, und ich bewundere sie dafür sehr.

Und doch haben ihre Freundesbriefe mich noch einmal ganz neu auf sie blicken lassen. Was sie darin beschreibt, sind die Folgen eines tragischen Unglücksfalls. Aber wie sie schreibt über diese Folgen, über ihre Erfahrungen, über ihren Umgang damit, das drängt einen merkwürdigen Gedanken auf: Aus dem Unglücksfall ist der Glücksfall dieser Briefe entstanden.

In ihnen ist nichts zu spüren von Jammern – auch da nicht, wo sich Traurigkeit ahnen lässt. Da ist keine Weigerung, die Wirklichkeit anzunehmen – erst recht nicht, wo die Hoffnung stark ist. Da ist aber vor allem eine große Liebe zu Jesus, die immer wieder aufleuchtet. Diese Liebe lässt die Verfasserin ihr Geschick annehmen und gleichzeitig mutig kämpfen – um kleine Schritte der Rehabilitation, um die Erweiterung des eigenen Lebensraumes, um eine Gestaltung des Lebens, das mehr ist als stille Ergebung.

Es gibt ja auch andere Texte, die über schwere Schicksale klagen, am Glauben irre werden, in der Frage nach dem Warum tiefe Menschlichkeit zeigen. Es gibt Hiob und Hiobs-Existenzen. Gerade wer sich das vor Augen hält, spürt aber, wie gut es ist, diese so ganz andere Stimme auch zu hören – eine Stimme, die im eigenen Unglück und in der eigenen Beengtheit von der Siegesmacht Jesu zu reden weiß. Beides kann geistlich weiterhelfen – die Ermutigung zu klagen und zu fragen und die Ermutigung, auch im tiefen Tal am Lob Gottes festzuhalten.

Daneben zeigen die Briefe ein Vertrauen auf die Fürbitte von Freundinnen und Freunden, das offene Worte erlaubt und darin die Hoffnung festhält. „Betet für mich" – das ist Ermunterung weiterzubeten, wo menschlich gesehen nichts zu erwarten ist. Diese Bitte um die Fürbitte eröffnet einen weiten Horizont. Und schließlich zeigt sich in vielen Schilderungen von Schwierigkeiten und Alltagssituationen ein Humor, der das Gottvertrauen ausdrucksvoll widerspiegelt.

Das zu lesen hat mich froh gemacht und dankbar dafür, dass mir die Verfasserin ihre Briefe zur Veröffentlichung anvertraut hat. Ich glaube, dass von ihnen eine große Ermutigung ausgeht, sich dem Leben tapfer zu stellen, weil die Freude an Jesus bis in die tiefsten Tiefen hineinreicht.

Paul-Ulrich Lenz
Herausgeber der Reihe Geistlich Leben

Reinhard Deichgräber

Und unterwegs wirst du ein anderer Mensch

Vom Wunder
der Wandlung

64 Seiten, Taschenbuch
ISBN 978-3-7655-5484-1

Wer kennt nicht das Gefühl: Ich stecke in einer Sackgasse.
Es muss sich etwas ändern … Seit alters her haben Menschen in solchen Lebensphasen Pilgerfahrten unternom-
men, um zu sich selbst und zu Gott zu finden. Reinhard
Deichgräber schildert eine Spiritualität des Wanderns
und weckt die Lust, sich selbst auf den Weg zu machen.

BRUNNEN VERLAG GIESSEN
www.brunnen-verlag.de

Andreas Kusch

Das Herz auf Gott einstimmen

Praktische Schritte
zum Bibellesen und Beten

112 Seiten, Taschenbuch
ISBN 978-3-7655-5459-9

Viele Menschen sehnen sich danach, Gott direkter und lebendiger zu erfahren. Dieses Buch stellt geistliche Übungen aus der reichen spirituellen Tradition des Christentums vor, durch die Glauben wieder lebendig und für den Alltag relevant wird. Die konkreten Anleitungen machen es leicht, die Übungen selbst auszuprobieren und in das persönliche Leben zu integrieren.

BRUNNEN VERLAG GIESSEN
www.brunnen-verlag.de